SHODENSHA
SHINSHO

漱石と『資本論』

小島英俊
山崎耕一郎

祥伝社新書

はじめに

二〇一六（平成二十八）年は夏目漱石《なつめそうせき》の没後１００年、二〇一七年は生誕１５０年にあたる。二〇一七年はまた、ロシア革命１００周年でもあり、『資本論』刊行から１５０年にあたり、カール・マルクスの『資本論』に改めてスポットライトがあてられている。漱石と『資本論』を並べると一見《いっけん》無関係に見えるが、両者には奇妙な邂逅《かいこう》があり、その深奥《しんおう》を探っていくと、実に興味が尽きない脈絡に辿《たど》り着く。

漱石が一九〇〇（明治三十三）年から2年間、英文学専攻の国費留学生としてイギリスでの滞在時代、岳父・中根重一《なかねしげかず》にあてた書簡に、マルクスの『資本論』に注目していることが記されている。

欧州今日《こんにち》文明の失敗は明らかに貧富の懸隔《けんかく》はなはだしきに基因《きいん》いたし候《そうろう》。……日本にてこれと同様の境遇に向かい候わば（現に向かいつつあると存じ候）、かの土方《どかた》人足の智識文字の発達する未来においては由々《ゆゆ》しき大事と存じ候。カール・マークスの所論のごときは単に純粋の理屈として欠点これあるべくとは存じ候えども、今日の世界にこの説の出《い》づるは当然のことと存じ候。小生は固《もと》より政治経済のことに暗く候えども一寸《ちよつと》気焔《きえん》が吐きたくなり候間かようなことを申し上げ候。「夏目が知りもせぬに」などとお笑いくだされまじく候。（夏目漱石の一九〇二年三月十五日付け書簡）

※引用文は読みやすさを考慮して、旧漢字・旧かなづかい・カタカナ・送りがなを現代表記に修正した。また、句読点など一部加除し、ふりがなをつけた。……は中略を示す（以下同じ）。

確かに、漱石が残した蔵書（門下・小宮豊隆《こみやとよたか》の関係で東北大学が所蔵管理）のなかには、『資本論』第1巻の英訳一九〇二（明治三十五）年三月版が含まれ、漱石の行きつけの書店でロンドンのチャリング・クロス通りにある「Miller & Gill」のラベルが貼られている。ところが、同書には、漱石がたいていの蔵書に書き込んでいるアンダーラインや注記がまったくない。

このエピソードは、いくつかの漱石関連の書籍に紹介されているが、いずれも話はここで終わっている。しかし、この事実に大変興味を持った私たちは、ここを出発点として考察を進めた。

漱石、マルクスというふたりの天才を並べると、その資質や性格に大きな違いがあることがわかる。そこには、日本とヨーロッパの歴史的な社会構造、日本人と欧米人の思考回路の違いが密接に絡《から》んでいる。

日本を代表する文豪とされる漱石だが、彼の資質はむしろ理系であり、日本人としては珍しく論理的である。自然科学も社会科学も哲学も芸術もこなす万能人でもあった。この意味においても、数多《あまた》紹介され、論ぜられてきた文学作品だけでなく、漱石の幅広い分野に光を当てるべきであることを痛感する。

いっぽう、マルクスは文系であるが、哲学を重視し、日本人にもっとも欠落している抽象力の権化《ごんげ》であった。漱石も哲学に関心を持っていたが、それは英米流のプラグマティズムであり、ドイツ観念哲学の信奉者・マルクスとは視座がかなり異なっている。

本書はこのようなことから書き始めていくが、ふたりの邂逅を繙《ひもと》くには『資本論』の理解が不可欠となる。そこで、『資本論』の大意・要約を試《こころ》み、それを第二章とした。

『資本論』の解説書は多数出版されているが、残念ながらどれも難しい。もちろん、『資本論』が難解であることは言うまでもないが、その解説方法にも問題がある。難解だからこそ、〝嚙《か》み砕《くだ》いて〟述べるべきなのに、原文をそのまま引用しているケースが多く、解説部分にまで「第○巻、第○編、第○章、第○節では――」という断わりが入っているのだ。もちろん、大著ゆえ、その目次に沿って論脈を辿ることは必要であるが、純粋に内容を理解するには、かえって混乱してしまうだろう。

そこで、本書では原文の引用をせず、編、章、節のナンバーも入れず、『資本論』を構成するキーワードによって順序立て、解説している。さらに、正確を期《き》すために、マルクス経済学を考究する東京大学大学院経済学研究科の江原慶《えはらけい》博士（経済学）の校閲を経《へ》た。ぜひ気楽に読み、すこしでも『資本論』に親しんでいただきたい。

第三章では『資本論』の普及史、第四章では漱石の社会主義への共鳴、終章では『資本論』の今日的意味に踏み込む。

さて、私たちとは、共著者としての小島英俊と山﨑耕一郎の集合名詞である。私たちの少年時代は『漱石全集』を読むことが半《なか》ば義務であるかのような雰囲気であり、漱石作品には一通り親しんできた。

その後、小島は商社勤務を経て、近代史や鉄道史をライフワークとする物書《ものか》きとなり、漱石について調べてきた。いっぽう、マルクス経済学者・向坂逸郎《さきさかいつろう》、満鉄調査部から経済企画庁総合企画局長を務めた向坂正男《まさお》兄弟を叔父に持つ山﨑は、日本社会主義青年同盟の委員長を経て、現在、社会民主党のご意見番的な存在である。

実は、ふたりは同じ高校の陸上競技部の同期であり、入部時に、共に100メートル走の記録が悪く、そろって中長距離走に回されたという過去を持つ。今回、卒業後60年の時を経て、組むことになった。鈍才の私たちが天才である漱石とマルクスに取り組んだのだから、亀がチーターに競争を挑《いど》んだようなものかもしれない。しかし、興味深い論を展開できたと自負している。どうか、ご一読願いたい。

二〇一七年一月

小島《こじま》 英俊《ひでとし》
山﨑《やまざき》 耕一郎《こういちろう》

漱石と『資本論』目次

はじめに――3

第一章 漱石とマルクス

漱石の生い立ち――16
イギリス留学――18
漱石をめぐる人々――20
理系人間・漱石――22
建築家を志望した漱石――24
理系への異常な興味――26
漱石の宇宙観――28
漱石と相対性理論――32
漱石とプラグマティズム――35
「文学を科学にする」――36
マルクスの生い立ち――39

フランス移住――40
マルクスをめぐる人々――42
社会主義革命――44
プロレタリア独裁論――46
マルクスと文学――48
漱石とマルクス――50

第二章
『資本論』大意・要約

『資本論』を読む前に――56

●第1巻　資本の生産過程

商品の出現、「使用価値」と「価値」――59
貨幣の役割――65
貨幣の資本化――69
労働力という商品――71
剰余価値――76
労働者の立場――83

資本の蓄積過程――87
「資本主義的私有の最期《さいご》を告げる鐘《かね》が鳴る」――92
追加説明・ミニ恐慌史――96

●第2巻　資本の流通過程

第2巻の特徴――100
資本の循環――102
資本の回転――106
社会全体の再生産メカニズム――111
追加説明・ケネー→マルクス→レオンチェフ――118

●第3巻　資本主義的生産の総過程

第3巻の特徴――124
剰余価値と利潤の関係――125
利潤率の差異と平均化――128
利潤率の低下傾向――132
商業利潤――133
利子と信用制度――135

地代――141
『資本論』の総括――146

第三章 『資本論』受容とマルクシズム

初版は1000部――152
日本への上陸――153
世界一の『資本論』受容国・日本――156
戦後のマルクシズム――159
労働組合の団結と分裂――161
『資本論』を読んでいなかった共産党幹部――163
大学はマルクシズムの天下――165
マルクス経済学vs.近代経済学――167
『資本論』への批判① マルクス経済学者から――172
『資本論』への批判② ケインズから――173
『資本論』への批判③ 小泉信三《こいずみしんぞう》から――175
『資本論』の疑問点――176

第四章 漱石と社会主義

『資本論』が難解である理由――180
なぜ漱石は理解できなかったのか――182
哲学vs.数学――186
社会主義に共鳴していた漱石――188
漱石作品における社会主義――190
デモに参加した漱石の妻!?――192
実学主義から教養主義へ――195
大正教養主義とマルクシズム――198
漱石と『資本論』――200

第五章 今も生きる『資本論』

ソ連崩壊後のマルクシズム――204
日本共産党の変化――205
中国経済の変化――207
『資本論』で読み解く中国経済――210

『資本論』で読み解く先進国経済——213
二十一世紀の格差問題——214
日本の格差は大きいか——218
ピケティが訴えたかったこと——220
ピケティとマルクスの類似性——224
日本の賃金体系と富《とみ》の再分配——225
新自由主義vs.マルクシズム——229
近代経済学者・中《なか》谷《たに》巌《いわお》の悔恨——232
『資本論』の再評価——236

おわりに——238
参考文献——239

本文デザイン
盛川和洋

校閲（第二章）
江原 慶

図表作成
篠 宏行

写真提供 ※数字は掲載ページ
アマナイメージズ／151
時事通信フォト／203
PPS通信社／15右、179
文藝春秋・アマナイメージズ／15左
法政大学大原社会問題研究所／55

第一章

漱石とマルクス

カール・マルクス（１８７３年頃、55歳頃）
夏目漱石（１９０８年、41歳）

漱石の生い立ち

夏目金之助《きんのすけ》は一八六七（慶応）年二月九日（旧暦一月五日）、江戸の牛込馬場下横町《うしごめばばしたよこまち》に夏目小兵衛直克《こひょうえなおかつ》の末子《まっし》（五男）として出生した。夏目家は一帯を治める名主であったが、維新の混乱期には没落していた。

金之助の兄弟姉妹は幼《おさな》くして亡くなった者を除いて5人いたが、長姉と次姉の女2人は前妻が産み、長兄、二兄、三兄、金之助の男4人は後妻の千枝《ちえ》が産んでいる。千枝は戸籍上、質屋の娘ということになっていたが、一説には遊女屋の娘であったとも言われ、そのためか、金之助は母の実家に連れて行ってもらったことがなかったという。

その頃の夏目家は経済的に余裕がなく、金之助は生後すぐに、四谷《よつや》の古道具屋（一説には八百屋）に里子《さとご》に出された後、塩原昌之助《しおばらまさのすけ》（元・夏目家の書生）のところへ養子に出された。その後、この養父母の離婚により、九歳の時、生家に戻ったが、父母共に、歓迎しなかったという。

このように、漱石の幼少時は、家庭の温《ぬく》もりを感じることができない気の毒な境遇であった。自伝的小説『道草』によれば、漱石が東京帝国大学（現・東京大学。以下、東京帝大）や第一高等学校（現・東京大学教養課程。以下、一高）の講師になった頃から、養父の塩原から金の無心をされる関係が続いた。

漱石は小学校で早くも頭角《とうかく》を現わし、東京府立第一中学校（現・日比谷高校）正則《せいそく》科、二松学舎（現・二松學舍大学）、成立学舎を経て、大学予備門（一高の前身）へと進んだ。ちなみに、成立学舎に通ったのは、大学予備門の入試科目に英語が必須となったのに、府立一中正則科や二松学舎では英語の授業がなかったからだ。

この間、漱石は、他家へ嫁《とつ》いでいた腹違いの長姉、次姉に援助もしていた。同腹の兄たちはというと、長兄大助《だいすけ》（病気で大学南校を中退、警視庁で翻訳係をしていた）はまともであったが、次兄栄之助《えいのすけ》と三兄和三郎《わさぶろう》は遊び癖やなまけ癖があり、勤勉な漱石とは対照的であった。

一八八七（明治二十）年三月に長兄と死別。同年六月に次兄、一八九一（明治二十四）年には三兄の妻登世《とせ》と、漱石は近親者を次々に亡くしている。この嫂《あによめ》の登世に漱石が恋心を抱いていたとも言われている。

イギリス留学

　大学予備門時代の下宿仲間に、のちの満鉄総裁になる中村是公《なかむらよしこと》がいるが、ふたりとも苦学生だったので、江東義塾《こうとう》（大学予備門に入るための私塾）で教師のアルバイトをして生活費や学費を稼がねばならなかった。また、大学予備門では正岡子規《まさおかしき》を知り、おたがいに大きな影響を与えあうが、その関係は漱石がイギリス留学中の一九〇二（明治三十五）年に子規が没《ぼっ》するまで続いた。

　漱石は一時、授業に身《み》が入らず、1学年落第をするが、一念発起して挽回する。その成績は優秀で、特に理科系科目や体操に秀《ひい》でていた。卒業後は予定通り、帝国大学文科大学英文科に進む。

　一八九三（明治二十六）年七月に帝国大学を卒業、東京高等師範学校（現・筑波大学）の英語教師になったが、東京から逃《のが》れるように一八九五（明治二十八）年、松山中学校（現・松山東高校）の英語教師に赴任する。

　一八九六（明治二十九）年、熊本の第五高等学校（現・熊本大学）の英語教師に転任後、貴族院書記官長・中根重一の長女鏡子《きょうこ》と結婚。しかし、彼女は慣れない環境と流産のため3年目にヒステリー症が激しくなり、川に身投《みな》げを図《はか》るなど、平穏な家庭環境ではなかったようだ。

一九〇〇（明治三十三）年五月、文部省より国費留学生に選ばれ、英語研究のためイギリス留学を命じられるが、漱石は自《みずか》ら文部省に掛け合い「英文学研究」でもよいとの許可を得た。

当時の給付金では、留学生活のやりくりは厳しく、金のかかるオックスフォード大学やケンブリッジ大学への入学は難しかったので、ロンドンでの独学を選んだ。具体的には、週1回の個人教授につくだけで、あとは図書館に通ったり、書籍を買い込んだりしての耽読、シェイクスピアものの観劇などであったが、当時の世界最先端の都《みやこ》における交通、食事、人との交流など、市井《しせい》の日常茶飯事《さはんじ》から吸収されたものが多いことを指摘しておかねばならない。

漱石の留学中の精神は不安定で、何度も下宿を転々とする。やがて「漱石狂せり」との噂が文部省内に流れ、結局、2年あまりで帰国することとなった。しかし、このロンドン時代を無意味で不遇な負の時代と誤解してはいけない。精神衰弱は見られたが、この2年間においても漱石の勉学・見聞のエネルギーはすさまじく、多くの蔵書収集などはかけがえのない肥やしとなった。

漱石をめぐる人々

帰国後の一九〇三（明治三十六）年四月、漱石は一高と東京帝大から講師として招かれる（年俸700円と同800円）。帝大では小泉八雲《こいずみやくも》の後任として教鞭《きょうべん》を執《と》るが、前任者に比べ、分析的で硬い講義は不評であった。また、一高では生徒の藤村操《ふじむらみさお》が、やる気のなさを漱石に叱責された数日後、華厳《けごん》の滝に入水《じゅすい》自殺し、漱石はショックを受ける。

一九〇五（明治三十八）年一月、雑誌「ホトトギス」に掲載された『吾輩は猫である』が好評を博《はく》し、漱石の作家志望が固まる。その後『倫敦塔』『坊っちゃん』と作品を発表、地位を固めていった。

一九〇六（明治三十九）年頃より、漱石の周りには小宮豊隆、鈴木三重吉《すずきみえきち》、森田草平《もりたそうへい》などが出入りし始め、さらに内田百閒《うちだひゃっけん》、野上弥生子《のがみやえこ》、芥川龍之介《あくたがわりゅうのすけ》、久米正雄《くめまさお》、寺田寅彦《てらだとらひこ》、阿部次郎《あべじろう》、安倍能成《あべよししげ》などが集まった。その顔ぶれは文士だけでなく、学者、評論家など幅広く、漱石の才能のマルチぶりを反映していた。漱石は親分肌ではなかったが、その博識はもちろんのこと、まめで面倒見がよく、これが人脈を形成した大きな要素であった。

一九〇七（明治四十）年二月、いっさいの教職を辞して朝日新聞社に入社、本格的に職業作家としての道を歩み始める。そして『虞美人草』『三四郎』『それから』を発表した。一九〇九（明治四十二）年、親友だった満鉄総裁・中村是公の招きで満州・朝鮮を旅行、随筆『満韓ところどころ』を書いた。

彼は酒を飲めなかったが、胃弱であるにもかかわらず、ビーフステーキや中華料理などの脂《あぶら》っこい食事を好み、大の甘党であった。一九一〇（明治四十三）年六月、『門』の執筆途中に胃潰瘍《いかいよう》が激化し、伊豆の修善寺《しゅぜんじ》に転地療養するが、さらに悪化して一時危篤状態に陥った。

この「修善寺の大患」を転機として、漱石の心境やスタンスが大きく変わる。その結果、人間のエゴイズムを追い求め、後期三部作と呼ばれる『彼岸過迄』『行人』『こころ』を書き上げた。しかし、『明暗』執筆途中の一九一六（大正五）年十二月九日、脳内出血を起こして死去した（享年49歳10カ月）。

図表1　理系と文系

	理系	文系
中等教育時	数学が得意	数学が苦手
高等教育時	理学部、工学部、農学部	法学部、経済学部、文学部
職業	工場、研究所	営業、財務、総務
職能	スペシャリスト	ゼネラリスト
思考	客観的	主観的
言動	論理的	情緒的
性格	几帳面《きちようめん》	大らか
服装	身なりに無関心	ファッションに敏感

理系人間・漱石

人間を「理系人間」と「文系人間」に大別する分類が流行《はや》っているようだ。日本人はほぼ単一の民族で構成されており、容姿や肌の色の差は僅少《きんしよう》である。その反作用なのか、血液型や性格、偏差値など内面を類型化したがるのかもしれない。血液型は大きな問題に発展することは少ないだろうが、理系・文系の区別は学歴や職業と密接に結びつき、企業において採用の可否や配置を決める指標として、無視できない。

一般的に定型化されている理系・文系の区分は、図表1のようになる。これを見ると、理系的資質と文系的資質を併《あわ》せ持つ「文理総合型」が理想だが、それは周囲にもなかなか見あたらない貴重な存在である。

さて、漱石は傑出した作家であり文豪であるが、彼の資質を調べてみると、むしろ「理系人間」のようだ。彼の大学予備門における、17歳時の学業成績を見てみよう。

修身77・5、和漢文59・0、英文解釈66・0、英文法作文75・5、日本歴史75・0、支那歴史68・0、和漢作文70・5、代数学78・9、幾何学86・9、地文学（地学・物理）73・0、体操78・1、平均点73・5

全科目に優秀であるが、理系科目のほうが文系科目より点数が高い。当時、漱石自身はもちろん、学友たちも漱石は理系に進むと予想していたようである。

人間というものは考え直すと妙なもので、真面目《まじめ》になって勉強すれば、……前にはできなかった数学なども非常にできるようになって、ある日親睦会の席上で誰は何科へ行くだろう……と投票をした時に、僕は理科へ行く者として投票されたくらいであった。（夏目漱石『落第』）

建築家を志望した漱石

次の文章を読むと、漱石の理系志向がよくわかる。

何か好《よ》い仕事がありそうなものと考えて日を送っているうちに、ふと建築のことに思い当たった。建築ならば衣食住の一つで世の中になくて叶《かな》わぬのみか、同時に立派な美術である。趣味があると共に必要なものである。で、私はいよいよそれにしようと決めた。……ちょうどその時分（高等学校）の同級生に、米山保三郎《よねやまやすさぶろう》という友人がいた。……ある日この男が訪ねて来て、……君は何になると尋《たず》ねるから、実はこうこうだと話すと、彼は一も二もなくそれを却《しりぞ》けてしまった。その時かれは日本でどんなに腕を揮《ふる》ったって、セント・ポールズの大寺院のような建築を天下後世に残すことはできないじゃないかとか何とか言って、盛んなる大議論を吐いた。そしてそれよりもまだ文学のほうが生命があると言った。……自分はこれに敬服した。そう言われてみるとなるほどまたそうでもあると、その晩即席《そくせき》に自説を撤回して、また文学者になることに一決した。ずいぶん呑気《のんき》なものである。……しかし漢文科や国文科のほうはやりたくない。そこでいよいよ英文科を志望学科と定《き》めた。……池田菊苗《いけだきくなえ》君が独乙《ドイツ》から来て、自分の下宿へ留《と》まった。池田君は理学者だけれども、話してみると偉い哲学者であったには驚いた。……おかげで幽霊のような文学をやめて、もっと組織だったどっしりした研究をやろうと思い始めた。それからその方針ですこしやって、全部の計画は日本でやり上げるつもりで西洋から帰って来ると、……（正岡［子規］はもう死んでいた）編集者の［高浜《たかはま》］虚子《きよし》から何か書いてくれないかと嘱《たの》まれたので、はじめて『吾輩は猫である』というのを書いた。……実はそれ一回きりのつもりだったのだ。ところが虚子がおもしろいから続きを書けというので、だんだん書いておるうちにあんなに長くなってしまった。（夏目漱石『処女作追懐談』一九〇八年九月）

※［　］内は筆者注（以下同じ）。

漱石は学生時代、医師あるいは建築家を希望したが、「本格的な西洋建築の需要は少ない」という友人の説得で、文学の道に向かったのである。しかし、イギリス留学中に一時同宿した化学者・池田菊苗に影響されて、再《ふたた》び自然科学への関心が高まり、たとえ文学でも、小説ではなく体系だった英文学者への志向が強くなった。
ところが帰国後、正岡子規の衣鉢《いはつ》を継いだ高浜虚子の薦《すす》めで雑誌「ホトトギス」に『吾輩は猫である』を書いたところ、反響がよく、作家の道に引っ張り込まれたのだ。

理系への異常な興味

帰国後、一高の英文学講師になった時、漱石が用いた教科書は「Science and Technical Reader」、これはきわめて異例のことだった。

はたして、当時の学生のひとり、高嶺俊夫《たかみねとしお》（物理学者）は「先生はこの本の理工科的内容に異常な興味を持っておられた」と述懐している。「異常な興味」とは「文科系としては異常なまでの理科系への熱意」であり、他の作家や文学者とは大きく異なっている。

実際、漱石作品を読めば、彼の科学への関心は至るところに滲《にじ》み出ている。次に紹介するのは『三四郎』だが、主人公が東京帝大の同級生・佐々木与次郎に誘われて文学愛好者が集《つど》う会合に出席したシーンである。

与次郎が勧《すす》めるので、三四郎はとうとう精養軒《せいようけん》の会へ出た。……雲母《マイカ》か何かで、十六武蔵《じゅうろくむさし》［日本伝統のボードゲーム］くらいの大きさの薄い円盤を作って、水晶の糸で釣《つ》るして、真空のうちに置いて、この円盤の面へ孤光灯《アークとう》の光を直角にあてると、この円盤が光に圧《お》されて動く。というのである。……理論上はマクスエル［イギリスの物理学者］以来予想されていたのですが、それをレベデフ［ロシアの物理学者］という人がはじめて実験で証明したのです。近頃あの彗星［ハレー彗星］の尾が、太陽のほうへ引きつけられべきはずであるのに、出るたびに何時《いっ》でも反対の方角に靡《なび》くのは光の圧力で吹き飛ばされるんじゃなかろうかと思いついた人もあるくらいです……光線の圧力は半径の二乗に比例するが、引力のほうは半径の三乗に比例するんだから、物が小さくなればなるほど引力のほうが負けて、光線の圧力が強くなる。もし彗星の尾が非常に細かい小片《パーチクル》からできているとすれば、どうしても太陽とは反対のほうへ吹き飛ばされるわけだ……野々宮は、つい真面目《まじめ》になった。（夏目漱石『三四郎』）

野々宮のモデルは寺田寅彦と言われているが、このネタも寺田の紹介によるものだ。これは「光線の圧力測定」であり、アメリカのダートマス大学の物理研究室でニコルスとハルが一九〇三（明治三十六）年に行なった実験である。
まず真空にした容器内に円盤を取りつけた、ねじり秤《ばかり》を設置する。そして、その円盤に光をあてて、ねじれ角度の大きさから光線の働いた力の大きさを求めるのだ。この装置によって、光の圧力が観測されたため、光は波動という性質だけでなく、粒子という性質の二面性を持つと結論されたのである。

漱石の宇宙観

「修善寺の大患」後に書かれた『思い出す事など』には、吐血《とけつ》して死にかけた描写よりも、修善寺や病院でのこと、思ったこと、読んだ本、詠《よ》んだ俳句などが多く書かれている。そのなかに、宇宙の創造や終焉《しゅうえん》について漱石が思いめぐらした一節がある。

その中《うち》で宇宙創造論《コスモジエニー》という厳《いか》めしい標題を掲《かか》げたところへ来た時、余《よ》は覚えず昔、学校で先生から教わった星雲《せいうん》説の記憶を呼び起こして微笑せざるを得なかった。そうしてふと考えた。……限りなき星霜《せいそう》を経《へ》て固まりかかった地球の皮が熱を得て溶解し、なお膨張して瓦斯《ガス》に変形すると同時に、他《た》の天体もまたこれに等しき革命を受けて、今日《こんにち》まで分離して運行した軌道と軌道の間が隙間《すきま》なく充《み》たされた時、今の秩序ある太陽系は日月星辰《じつげつせいしん》［太陽、月、星、星座］の区別を失って、爛《らん》たる一大火雲《かうん》のごとくに盤旋《はんせん》する［回る］だろう。さらに想像を逆《さか》さまにして、この星雲が熱を失って収縮し、収縮すると共に回転し、回転しながらに外部の一片を振りちぎりつつ進行するさまを思うと、海陸《かいりく》空気歴然と整《ととの》えるわが地球の昔は、すべてこれ焔々《えんえん》たる一塊《いっかい》の瓦斯にすぎないという結論になる。面目《めんもく》の彷彿《ほうふつ》たる今日から遡《さかのぼ》って、科学の法則を、想像だもおよばざる昔に引っ張れば、一糸も乱れぬ普遍の理《ことわり》で、山は山となり、水は水となったものには違いなかろうが、この山とこの水とこの空気と太陽のおかげによって生息するわれら人間の運命は、われらが生くべき条件の備わる間の一瞬時——永劫《えいごう》に展開すべき宇宙歴史の長きより見たる一瞬時——を貪《むさぼ》るにすぎないのだから、はかないと言わんよりも、ほんの偶然の命と評したほうが当たっているかもしれない。（夏目漱石『思い出す事など』）

宇宙の起源については今日、「ビッグバン説」が定説とされる。

これは――138億年前、何もない真空のなかの1点「時空特異点」が現われた。重力がとてつもなく大きいために、微小・高温・高密度であった。そこに「ビッグバン」と呼ばれる急激な膨張が起こり、物質が遠くまで放出される。それはやがて冷却されて、宇宙となった――という説である。

しかし、十八世紀後半から漱石の生きた二十世紀初頭までは、「星雲説」が主流であった。もともと宇宙には緩《ゆる》やかに回転する高温のガス体があって、それが冷却されるにつれて固まって遠心力で遠くへ飛ばされ、何層もの円軌道を描いて惑星になり、遠心力の中心として残ったものが太陽となった――という説である。

博識な漱石はこの説を知悉《ちしつ》しており、初期の地球はガスの塊《かたまり》であったと認識していた。さらに漱石は、今安定している地球がもし逆の過程を辿《たど》ると、また高温のガス体となって回転運動をするのではないか、と想像しているのである（図表2）。

「ビッグバン説」と「星雲説」の差は時代の産物であり、二十世紀における科学の急速な

図表2 「星雲説」と漱石の夢想

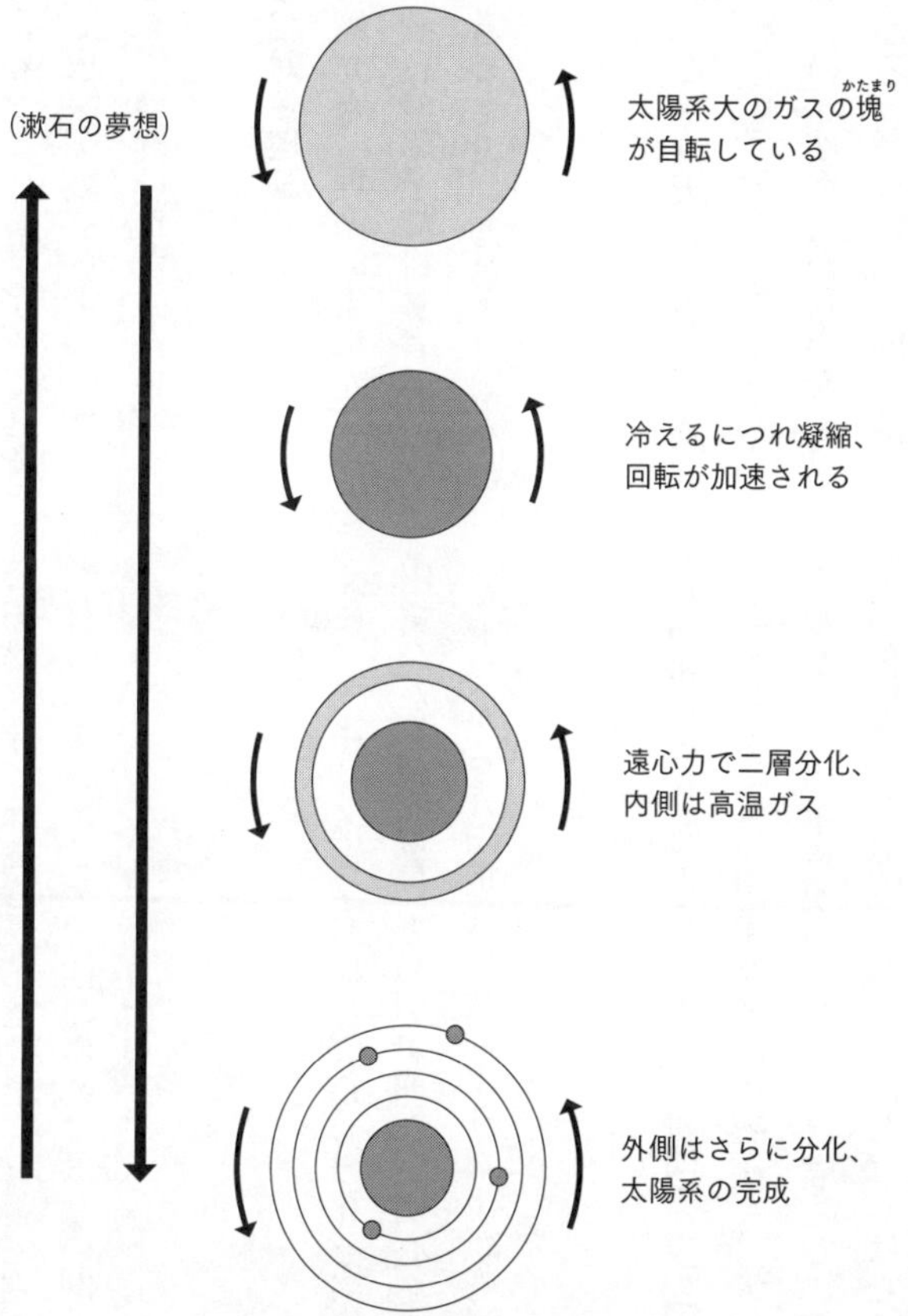

発展を表わしている。宇宙の起源という自然科学に大きな関心を抱き、知識を身につけ、関連して想像をめぐらすという、この漱石のスタンスこそ、他の作家にはない例外事であることをご理解いただきたい。

漱石と相対性理論

漱石は元来、理系的素地があったうえに、イギリス留学時代に同宿した化学者・池田菊苗と、漱石の弟子で科学者であった寺田寅彦からの影響によって、理系的関心を大いに深めたと言ってよいだろう。漱石は、ロンドンから寺田寅彦に次のような手紙を送っている。

君なんかは大いに専門の物理学でしっかりやりたまえ。本日の新聞で Prof. Rücker の British Association でやった Atomic Theory に関する演説を読んだ。大いにおもしろい。僕も何か科学がやりたくなった。この手紙がつく時分には君もこの演説を読むだろう。ついこの間、池田菊苗氏（化学者）が帰国した。同氏とはしばらく倫敦《ロンドン》で同居しておった。いろいろ話をしたが、すこぶる立派な学者だ。化学者として同氏の造詣《ぞうけい》は僕にはわからないが大いなる頭の学者であるということは確かである。同氏は僕の友人のなかで尊敬すべき人の一人と思う。君のことをよく話しておいたから暇《ひま》があったら是非《ぜひ》訪問して話をしたまえ。君の専門上その他に大いに利益があることと信ずる。（夏目漱石の一九〇一年九月十二日付け書簡）

「Atomic Theory」すなわち「原子論」を講演したリュッカー教授とは、「液体薄膜《はくまく》」や「地磁気変動の測定」などで業績を上げ、ロンドン大学学長も歴任した著名な学者である。

「原子」を表わすギリシア語の「アトム」は「これ以上分割できないもの」を意味し、物理学的には「物質を分解していき、これ以上分割できない最小構成単位」の意味に使われる。ギリシア時代以降、長らく原子の構造や特性を調べる手立てがなく、物質は無限に分割できず何か確固とした最小単位が存在するという説と、そうではないという否定説が単に思弁的に併存しており、漱石がロンドンに滞在した二十世紀初頭においてすら、原子の実在は仮説の域《いき》を出ていなかった。

当時は電子顕微鏡がなく、微細な粒子を実証的にとらえる方法がなかった。そこで、物質を見る角度を変え、すべての物質現象は熱力学的なエネルギー保存の法則によって説明できるという「エネルギー論」が台頭、十九世紀末においては原子論vs.エネルギー論という対立構図ができあがっていた。

かつてのニュートン理論では「空間は物理現象が起きる入れものであり、時間は宇宙のどこでも同時進行する」と、時間と空間は独立した別次元であると考えられていた。そこにアインシュタインの「相対性理論」が出現、「時間と空間を合わせた四次元時空こそが物理学の対象である」と説いたのである。

相対性理論には、一九〇五(明治三十八)年発表の特殊相対性理論と一九一六(大正五)年発表の一般相対性理論があるが、一九一六年に没した漱石は前者のみ知っていたことになる。

二十世紀初頭は、アインシュタインの相対性理論だけでなく、遺伝学におけるメンデリズムの再評価、ダーウィンによる進化論などが花開いた近代自然科学のテイクオフの時代であった。漱石は当時、産業はもちろん科学でも最先端を走っていたイギリスのロンドンに身を置いていた。身を置くだけなら、凡人には何も起きないであろうが、漱石は先端科学の動向を敏感に感じ取っていたのである。

漱石とプラグマティズム

漱石の思考回路を考えるうえで看過《かんか》できないのが、英米系プラグマティズムという哲学の影響である。

漱石は、プラグマティズムの経典の一つと言われるウィリアム・ジェイムズの『多元的宇宙』を、「修善寺の大患」時も携帯している。そして、体調が悪くても読み続け、危篤の時こそ中断したものの、回復すると残りを読了。著者ジェイムズの思考回路が大いに自分と一致した、と歓喜している。『思い出す事など』から、引用しよう。

『多元的宇宙』は約半分ほど残っていたのを、三日ばかりでおもしろく読み終わった。ことに文学者たる自分の立場から見て、教授が何事によらず具体的の事実を土台として、類推《アナロジー》で哲学の領分に切り込んでいくところをおもしろく読み終わった。余《よ》はあながちに弁証法《ダイアレクチック》を嫌うものではない。また妄《みだ》りに理知主義《インテレクチユアリズム》を厭《いと》いもしない。ただ自分の平生《へいぜい》文学上に抱いている意見と、教授の哲学について主張するところの考えとが、親しい気脈を通じて彼此相寄《ひしあいよ》るような心持ちがしたのを愉快に思ったのである。(夏目漱石『思い出す事など』)

イギリスですら近代に入っても、ドイツ流一元的観念論が支配的であったのに対して、ジェイムズの立場は、イギリスの伝統である多元的経験論に立脚するものである。しかし、単なる復古ではなく、二十世紀に通用する体系を付与しなければと推敲《すいこう》を重ねた結果、帰結された論議である。

ジェイムズ、パース、デューイ、ミードらが主導したプラグマティズムは、わが国では漱石のほか、西田幾多郎《にしだきたろう》、石橋湛山《いしばしたんざん》らに影響を与えている。

「文学を科学にする」

漱石にまつわる難解書と言えば、これら漱石が読破した書籍だけでなく、漱石自らが著《あらわ》した『文学論』こそ、その典型と言っていいだろう。

『文学論』は、漱石がイギリスから帰朝後、東京帝大の講師として「英文学概説」の講義を行なった際、講義の一部を当時の学生でのちに英文学者になった中川芳太郎《なかがわよしたろう》が書きとめ、それに漱石が筆を入れて、一九〇七（明治四十）年に刊行されたものである。

「文学を科学にしよう」との意気込みで書かれたこの大著は、受講した帝大生ですら理解が難しく不評だった。ましてや、当時の作家たちや文学ファンにはちんぷんかんぷんで、敬遠されてしまった。参考までに、その要旨を紹介しよう。

> すべての文学作品の内容は「F（認識的要素）＋f（情緒的要素）」という結合方式で成り立っている。まずFがあってfを生じるが、Fとfのバランスが取れていなければならない。最初に来るFにおいては、感覚的F（自然界などへの認識）、人事的F（人間の善悪喜怒哀楽などへの認識）、超自然的F（宗教的認識など）、知識的F（人生問題などへの認識）に四分類され、各々においてf（情緒的要素）が派生する。この四つのF（認識的要素）は、時間と共に推移・変化する。それは一《いち》個人の人生においても、

人類発達の歴史においても起こる。必然的にF（認識的要素）は、時間と共に増加・多岐化していく。そして、F（認識的要素）の変化・増加に応じて、f（情緒的要素）も変化・増加していく。文学者が画を描く場合の手法・技法を分析すると、おおよそ、この八つが考えられる。このように複雑に認識された集合的（総合的）Fは、三つのレベルに分類される。模擬的意識（凡庸《ぼんよう》で自主性の乏《とぼ》しい大衆レベルの意識）、能才的意識（先進的であるが常識的で大衆にもわかりやすい意識）、天才的意識（超先進的、異次元的でとかく大衆にはわかりづらい意識）である。そして、集合的Fは絶えず競争に晒《さら》されるし（自然派対ロマン派など）、また政治、経済、道徳などが文学に与える影響は大きい。（夏目漱石『文学論』要旨）

このように、理系人間・漱石は科学的立場に立って多くの難解書を読み、自らも難解書を著しているが、『資本論』には手こずった。その鍵を解くには、ステップを踏む必要がある。ここでいったん漱石を離れて、マルクスについて見ていきたい。

マルクスの生い立ち

カール・ハインリヒ・マルクスは一八一八年五月五日、プロイセン王国に属するモーゼル川河畔のライン地方の都市トリールに生まれた。両親は共にユダヤ人で、父はユダヤ教のラビ（聖職者）を兼ねた弁護士であり、母も弁護士の娘であった。漱石の家庭に比べれば、はるかに経済的、知的に恵まれた環境に育ったと言ってよいだろう。

マルクスを含め兄弟・姉妹の計8人が生まれたが、当時は幼児・若年死亡率が高く、結局、マルクスと姉妹4人の計5人が残ったようである。

ライン地方は独仏国境に位置し、異なる民族や宗教の住民が存在していたので、プロイセン王国はその支配直後、住民の意向に配慮する統治を行なった。しかし、軍国的で膨張主義のプロイセンの本性は争えず、徐々に統治を強めていく。ユダヤ人も次第に圧迫されたため、マルクス一家はプロテスタントに改宗、ドイツ人になるように努めた。

父は幼少の頃からマルクスの天分を認めて特別にかわいがり、大学を卒業させて弁護士にさせたいと願っていた。そのため、マルクスは12歳で地元のギムナジウム（大学進学を前提とした中等教育機関）に入り、大学への入学を準備することになる。

17歳でボン大学に進んだマルクスは、文学への興味と関心を高まらせ、酔っぱらったり、悪さをしたり、浪費癖があったりで、けっして真面目な学生ではなかった。心配した父の影響か、マルクスはボン大学からベルリン大学に転校する。

当時、ベルリン大学では哲学が盛んで、ヘーゲルを熱烈に称《たた》えるような雰囲気だった。マルクスも観念哲学に属する弁証法哲学に熱中するが、ヘーゲルを盲信したのではなく、批判もしていた。マルクスはベルリン大学で法律を修めたと言われているが、23歳で卒業すると、ボン大学の哲学講師を志望する。しかし、プロイセンは強烈な国家主義を走っており、マルクスは危険思想の持ち主として、この希望は拒絶された。世間に出た早々《そうそう》、彼は挫折《ざせつ》を味わうのであった。

この間、姉の友人で4歳年上の貴族の娘イェニーと婚約をしている。身分違いということで、イェニーの家族の反対もあったが、本人同士の意志が固く、婚約に至った。

フランス移住

大学教授への道を閉ざされたマルクスは、ジャーナリズムの世界に進むしかなかった。

とはいえ、既存の大新聞社に入ったわけではない。「新しい自由な主張をしよう」と、大学時代の親友2人と組んで3人で始めた零細な新聞「ライン新聞」がそれである。

ライン新聞は、プロイセン政府の検閲がうるさすぎる、「森林法」では森林保護は謳《うた》っていても人間がどう活用したらよいかまったく示されていない、などと政府批判の論調が支配的だった。

この時点のマルクスはけっして社会主義者ではなく、自由主義者・民主主義者であったが、プロイセンと神聖同盟を結ぶロシアの反動政治を批判する論評が同紙に掲載されると、政府は外交上有害として弾圧、ついにライン新聞は廃刊に追い込まれた。

このような経験から、マルクスは純粋哲学だけでは世の中を動かせないことを確信、社会学、経済学を学ぶ必要があると考えるに至った。そして、当時のドイツでは哲学は盛んでも、経済ではイギリスに、政治ではフランスに大きな遅れを取っていたため、移住を決意する。

その間、マルクス25歳の時に婚約中だったイェニーと結婚。ふたりは逃れるように、フランスに向かった。パリに移住したマルクスは、経済学と歴史の猛勉強を始める。その成果を発表するため、そして生計《せいけい》を立てるために、雑誌「独仏年誌」を発刊する。

一八四四年当時のフランスには産業革命の波が押し寄せ、大小の工場に働く労働者階級が増えるいっぽう、フランス革命に対する反動の動きもあり、混沌《こんとん》としていた。

このような環境のなか、マルクスは、世界は経済的利害で動いており、現状を改善するには官僚や国会ではなく、大衆の力を動員しないと何もできないと考えるようになった。すなわち、唯物《ゆいぶつ》的・実践的に変化したのである。そして、「人間解放」を訴えるようになっていた。

マルクスは「独仏年誌」に「ユダヤ人問題によせて」と題して、ユダヤ教からキリスト教への改宗は無意味であり、ユダヤ人に平等な権利を与えることを主張した。しかし、「独仏年誌」の売れ行きは悪く、同誌は廃刊に追い込まれてしまう。

マルクスをめぐる人々

「独仏年誌」は廃刊となったが、マルクスはその活動を通じて、ユダヤ人の亡命詩人ハイネやドイツ人の経営者フリードリヒ・エンゲルスと知りあう。特に、盟友エンゲルスとの出会いはきわめて大きかった。彼から経済の実態を大いに学び、吸収できたからである。

エンゲルスは工場経営の経験を通して、先進工業国の経済の現状を知悉《ちしつ》しており、私有財産制やそれを正当化するアダム・スミス、デヴィッド・リカード、ジャン＝バティスト・セイなどの国民経済学（古典派経済学）を批判する立場に立っていたので、マルクスは大いに共鳴した。エンゲルスはその後、マルクスや彼の家族に多大な経済的、精神的支援を続け、マルクスの生涯を通じて唯一無二のパートナーとなった。

パリにはかなりのドイツ人亡命者たちがおり、マルクスは彼らの中心となる。いっぽう、専制政治を強めるプロイセン政府はマルクスらを思想的危険分子と見なし、パリにまで手を伸ばしたため、マルクスは一時、ベルギーの首都ブリュッセルに避難した。

その間、パリ、ブリュッセル、ロンドンには「正義者同盟」、それが発展解消して「共産主義者同盟」ができ、マルクスやエンゲルスを中心に迎え入れようという動きが強まった。そして一八四八年、彼らの委任を受けて、マルクスはその綱領として万国のプロレタリアートの団結した暴力的革命を煽《あお》る『共産党宣言』を出版した。

『共産党宣言』は英語、フランス語、ドイツ語、イタリア語、フランドル語、デンマーク語に訳されており、いかに共産主義思想が広く西ヨーロッパに浸透していたかを如実に物語っている。しかし、そのためにベルギー政府もマルクス夫妻を警戒、ふたりはフランスに送り返されてしまった。

パリに戻ったマルクスは偽名で〝文《もん》なし〟の潜伏生活を強《し》いられたが、プロイセンの社会主義者ラッサールらに金の無心をして、何とか生計を立てた。

しかし、フランスの大統領ナポレオン・ボナパルトは保守的であったため、左翼勢力は壊滅的な打撃を受ける。マルクス一家もパリを退去すると、ドイツのハンブルクに渡ったが、もはや受け入れてくれる国はイギリスしかなかった。最初は一時的避難のつもりだったようだが、結局、ロンドンがマルクスの終焉の地となった。

社会主義革命

『共産党宣言』に象徴されるように、一時期盛んだったプロレタリアート側の動きはいったん抑《おさ》えられ、一八五〇年代には資本家側が優勢となった。

マルクス一家は、ロンドンの外国人居住区だったソーホーでの粗末な借家住まいを余儀なくされる。その生活は、エンゲルスからの定期的な仕送り、ラッサール、フライリヒラート、リープクネヒトら友人への不定期な金の無心、金融業者からの借金や質屋通いなどで生計を立てる不安定なものであった。

アメリカの急進派新聞「ニューヨーク・トリビューン」の社主がマルクスの文才に目をつけ、同紙や同社が出す百科事典への寄稿の仕事をくれたが、一八六一年に起きた南北戦争により、この仕事は10年間で終わった。

この時期、マルクスは社会主義革命を秘かに構想していたが、早急な革命を渇望する共産主義者同盟のメンバーには、その経験から反対を唱え、慎重を訴えた。しかし、即時行動を求める急進派も多かったため、さすがのマルクスも耐えられず、一八五二年に共産主義者同盟を解散した。これ以降、マルクスは10年以上、組織活動から遠ざかることになる。

苦しい生活のなか、マルクスは毎日のように大英博物館図書館に通い、朝9時から夜7時まで読書と思索に没頭した。そして、それまでのブルジョア経済学のまちがいやそこからは説明し得ないものを洗い出すなど、学究的意気は大いに昂《こう》じた。

その成果の第一弾が一八五九年の『経済学批判』であり、労働力の搾取《さくしゅ》によってのみ生まれる「剰余価値学説」を確立した。そして、8年後の一八六七年、それを発展させた『資本論』第1巻が完成するのである。

その間、一八五五年から一八五六年にかけて、妻イェニーの伯父と母が相次いで死去。イェニーがその遺産の一部を相続したため、マルクス家の家計は多少楽になった。住居もソーホーのごみごみした街中《まちなか》から、新開地ではあるがロンドン北部ハイゲートの広々とした一戸建《だ》てに移った。しかし、マルクスの悪癖である、分《ぶん》不相応な贅沢《ぜいたく》がまた始まったので、借金が膨《ふく》らんでしまう。やむなくエンゲルスがその借金を肩代わりして、ようやく一家の金銭事情は落ち着いた。

プロレタリア独裁論

一八七〇年夏に勃発した普仏戦争は、全ドイツ国民のナショナリズムが爆発した国民戦争となった。

マルクスはインターナショナル（国際労働者協会）代表として、戦争がドイツのフランス人民に対する征服戦争に転化しつつあることを懸念《けねん》、「ドイツは領土的野心を捨て、フランス人が共和政を勝ち取れるよう行動すべきである」と主張して、フランス領アルザス・ロレーヌのドイツ併合に反対した。

しかし、戦況はプロイセン軍優位に進み、フランス第二帝政の権威は地に堕《お》ちる。そして、パリで革命が発生して、第三共和政が樹立される。いっぽう、ドイツでは皇帝ヴィルヘルム一世が戴冠《たいかん》、ドイツ帝国を樹立した。戦争終結後、アルザス・ロレーヌはドイツに割譲された。

このように、マルクスはロシア革命よりも約半世紀前から、国家間戦争の無意味さを感じ、階級闘争による「プロレタリア独裁論」を強く意識していた。

この頃、マルクスは不摂生もあって病気がちだったが、肝臓肥大という深刻な診断を受ける。そして、一八八一年十二月に妻イェニーに、一八八三年一月に長女ジェニーに先立たれると、マルクスもあとを追うように一八八三年三月十四日に64歳で亡くなった。

マルクスの膨大な遺稿は、すべて盟友であるエンゲルスに預けられた。エンゲルスは遺稿を整理して、一八八五年六月に『資本論』第2巻、さらに一八九四年十二月に第3巻を出版し、翌一八九五年に死去した。

マルクスと文学

漱石の大学予備門の成績を見たのだから、マルクスのギムナジウムの成績も見てみよう。通信簿によれば、宗教、ギリシア語、ラテン語、古典作家の解釈ではきわめて優秀、数学、フランス語、自然科学は普通であった。この成績を漱石と比べると、明らかに理系人間・漱石に対して文系人間・マルクスという構図が浮かび上がる。

校長は、マルクスに対して「思想の豊富さと材料の配置の巧《たく》みさは認めるが、異常な隠《いん》喩《ゆ》的表現を誇張して無理に使用するという、いつもの誤りに陥っている。そのため、全体の作品は必要な明瞭さ、時として正確さに欠けている。これは個々の表現についても全体の構成についても言える」という評価を下しており、大変興味深い。この性癖は長《ちょう》じるにしたがって改善・洗練されたが、その残滓《ざんし》は『資本論』の論述にも感じられる。

ただし、マルクスが文系といっても、日本で現在言われている文系とは大いに異なる。今日本で言う文系は、数理力に弱いだけでなく、物事をただ経験的に、情緒的に、主観的に感じ取っているだけで、深く突き詰めて考えて洞察しようとのスタンスが微塵《みじん》も感じられない。

これに対して、マルクスは物事を観念的に、抽象的に考えており、『資本論』に次の記述があることからも、それがうかがえる。


経済的諸形態の分析では、顕微鏡も化学的試薬も用いるわけにはいかぬ。抽象力なるものがこの両者に代わらなければならぬ。（カール・マルクス『資本論』）

マルクスは、ボン大学でもベルリン大学でも、専攻の法学と共にリベラル・アーツ（一般教養）をきちんと身につけ、抽象的思索に明け暮れたことを忘れてはならないだろう。

マルクスは生来《せいらい》文学を好み、古代ギリシア文学のほか、ドイツ文学ではゲーテとハイネ、フランス文学ではバルザック、イタリア文学ではダンテを愛した。ロンドン亡命後は、シェイクスピアに格別の関心を持った。いっぽう、ワーグナーを「ドイツ神話を歪《わい》曲《きょく》した」と批判した。チェスが好きだったが、大変な負けず嫌いであった。

マルクスは同志や仲間たちだけでなく、生物学者や化学者とも交流があり、特にダーウィンの進化論を称賛し、『資本論』をダーウィンに送っている。このあたりの視野の広さは、漱石なみと言えよう。

漱石とマルクス

本章の最後に、漱石とマルクス、エンゲルスの事績を時系列で比較してみよう（図表3）。

エンゲルス
生誕
ギムナジウム中退、家業を継ぐ
マルクスと盟友になる
『共産党宣言』出版（共著）
イギリスに移住
工場支配人
『資本論』第2巻出版
『資本論』第3巻出版
死去（享年75）

図表3　漱石、マルクス、エンゲルス関連年表

年	漱石	マルクス
1818(文政1)		生誕
1820(文政3)		
1837(天保8)		
1841(天保12)		ベルリン大学卒業
1842(天保13)		ライン新聞編集長
1843(天保14)		結婚
1844(天保15)		エンゲルスと盟友になる
1848(弘化5)		『共産党宣言』出版(共著)
1849(嘉永2)		イギリスに移住
1864(文治1)		
1867(慶応3)	生誕	『資本論』第1巻出版
1883(明治16)		死去(享年64)
1885(明治18)		
1893(明治26)	帝国大学卒業	
1894(明治27)		
1895(明治28)	松山中学教諭	
1896(明治29)	五高教授、結婚	
1900(明治33)	イギリス留学	
1902(明治35)	『資本論』第1巻英訳版を購入	
1903(明治36)	東京帝大および一高講師	
1905(明治38)	処女作『吾輩は猫である』出版	
1907(明治40)	朝日新聞に入社	
1910(明治43)	修善寺の大患	
1916(大正5)	死去(享年49)	

これを見ると、漱石のほうがマルクス、エンゲルスよりも一世代若いことがわかる。明治維新とほぼ同時に漱石が生まれ、『資本論』第1巻が刊行された。その後、第2巻、第3巻と約9年間のインターバルで刊行されているが、いずれも十九世紀後半のことである。そして、マルクスは漱石が16歳の時に、エンゲルスは漱石が28歳の時に没している。

前述の通り、マルクスは大学卒業後、不安定なジャーナリストとして一生を通したので、収入は安定しなかった。マルクスの仕事関係の出費は多く、家族には中流階級の教育やつきあいをさせようとしたから、概して貧しかった。エンゲルスをはじめとする友人知人の資金援助と、妻の実家からの遺産相続などの持ち出しで、何とか補《おぎな》っていたようである。

貧しかった漱石が次第に収入を増やしていったのに対して、マルクスは中産階級に育ちながら、大学卒業後のほうが経済的に低落したのは、まさに対照的である。また、漱石が周囲や門下に対する外面《そとづら》がよく、家族に対する内面が悪かったのに対して、マルクスは家族に対しては優しかったが、周囲と衝突するなど外面が悪かった点も対照的である。

外面の悪さを象徴するように、マルクスの性格については悪評だらけである。「臆病《おくびょう》なほど神経質なくせに、意地が悪く、うぬぼれ屋で喧嘩《けんか》好き、非寛容で独裁的。病的に執念深く、嘘や中傷も平気で用い、時には下劣な陰謀をめぐらせる」とまで言われた。

エンゲルスだけはこのような欠点を承知しつつ、マルクスの才能を高く評価し、うまくほめてはげました、唯一無二の親友兼パトロンであった。

しかし、マルクスが弱き者を助けようと階級闘争に立ち向かった心情的出発点は、人間への普遍的愛情にあった。それを『資本論』に集大成させたのだから、マルクスはもともと経済学の人ではなく哲学の人であった。「人間解放」という哲学的結論に達してから経済学に入ったがゆえに、それまでの国民経済学者とは異なる結論に達したのだ。だからこそ、「経済学者になったヘーゲルであり、社会主義者になったリカード」とも評されるのであろう。

第二章 『資本論』大意・要約

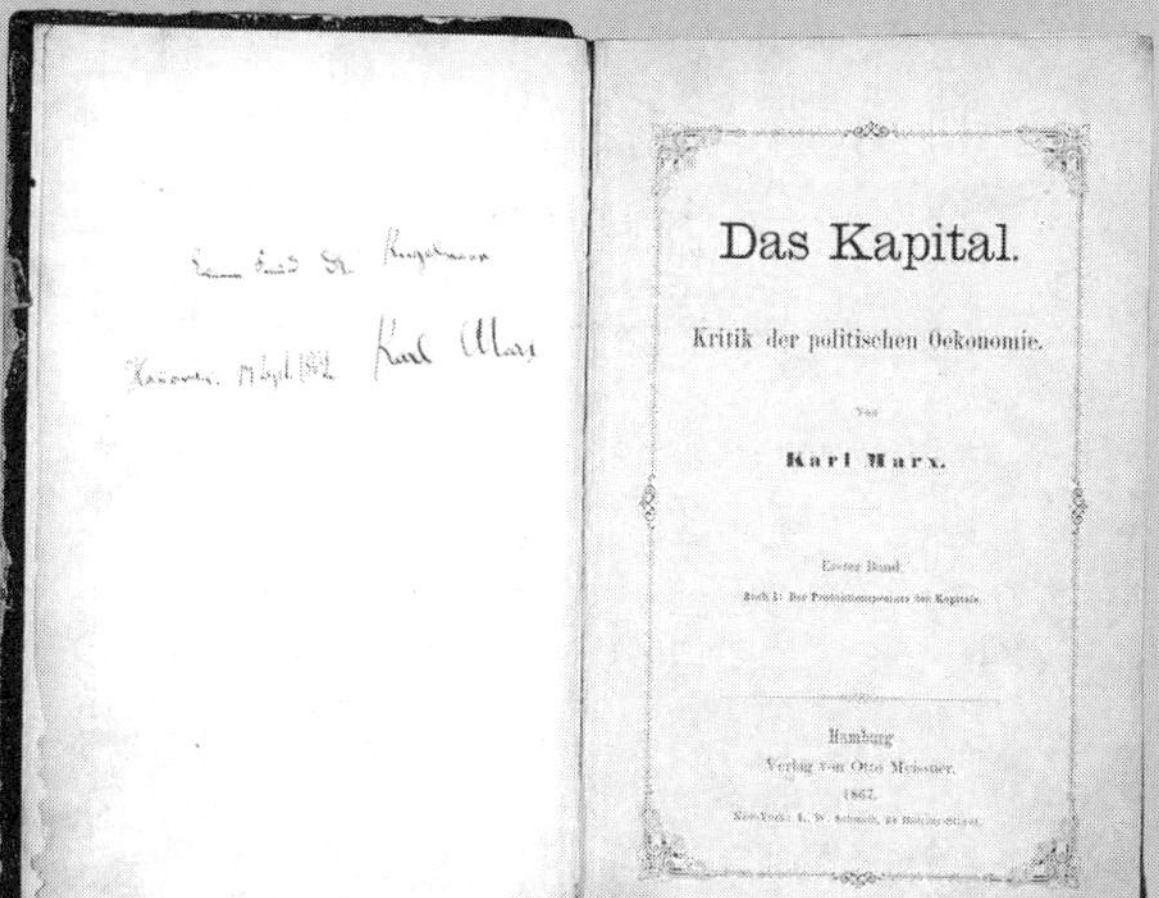

ドイツのマイスナー書店が1867年に刊行した『資本論』第1巻初版。同初版は世界に約100冊現存すると言われるが、これはマルクスが友人クーゲルマンに署名入りで謹呈したもの（法政大学大原社会問題研究所蔵）

『資本論』を読む前に

それでは、漱石が読了できなかった（と思われる）『資本論』とは、どのようなものなのだろうか。その内容を知らずして、漱石の苦悩も、その後の行動も理解することはできないだろう。本章では、『資本論』の大意・要約を提示したい。

『資本論』は、全3巻・17編・98章・131節から成り、紙数も膨大である（たとえば、向坂逸郎の訳本は岩波文庫で全9冊・合計3500ページにおよぶ）。巻の区分は、次のようになる。

第1巻　資本の生産過程：初版一八六七（慶応三）年刊行、マルクスの自著
第2巻　資本の流通過程：初版一八八五（明治十八）年刊行、マルクスの遺稿をもとにエンゲルスが編集
第3巻　資本主義的生産の総過程：初版一八九四（明治二十七）年刊行、マルクスの遺稿をもとにエンゲルスが編集

その原文は、抽象的・演繹《えんえき》的な仮説部分と具体的・帰納《きのう》的な史実にもとづく実証部分に大別される。仮説部分の一語一語はそれほど難しくないが、全体概念を把握するには骨が折れる。また、実証部分の意味はわかるが、十九世紀のイギリス・イングランドの労働実態やアイルランドの麻布工場のような例証が多く、二十一世紀の日本に生きるわれわれにはどうもピンと来ない。

そこで、私たちは今回蛮勇《ばんゆう》を奮って、この全3巻を本章＝全95ページにまとめることにした。そして、次の3原則を徹底することにした。

○原文をそのまま引用することは避《さ》け、私たちの言葉で述べた。
○原典どおり、第1巻・第2巻・第3巻に分けたが、巻以外の区分け（17編・98章・131節）はせず、キーワードで目次を立てた。
○史実による実証的説明には、原典以外の資料も援用した。

なお、『資本論』の焦点は、マルクス自らが執筆した第1巻にあり、第2巻および第3

巻は付《つ》け足《た》しであると述べる人たちも散見される。もとより、多様な解釈の幅を許すのが、古典の古典たる所以《ゆえん》であろう。

しかし、私たちが『資本論』を通読したうえでの認識は、第1巻だけに絞れば、『資本論』を理解したとはとうてい思えない。特に教養次元においては、なおさらである。したがって、私たちはこだわりと偏《かたよ》りなく、全3巻の要約に努めた。

実際、第1巻の抽象的・演繹的スタンスが、第2巻・第3巻になると経済の実態に近づく具体的・帰納的スタンスへと変わり、現代につながる要素が多くなる。

とはいえ、第2巻・第3巻に出て来る論脈や概念式は第1巻よりも混み入っており、むしろ難しい。わかりやすく書いたつもりではあるが、次の概念がわかりづらいのではと懸念し、あらかじめお断わりしておく。

○第2巻「社会全体の再生産メカニズム」内の「拡大再生産」における生産部門と消費部門との資本の往来

○第3巻「利潤率の差異と平均化」における五つの産業部門の資本構成の差異

特に、産業部門の資本構成については、フローとストックの使い分けに『資本論』全巻を通した一貫性がなく、それがマルクス経済学者の間でも論議の種になっている。混乱を避けるため、あえて深入りしなかったが、『資本論』の大きな要旨に問題はない。

もし、これらの部分で難渋したとしても、立ち止まって悩む必要はなく、気にせずに読み進めてほしい。なぜなら、全体の大きな流れを摑《つか》むことが肝要であり、それこそがマルクスの本意だと思うからである。

●第1巻 資本の生産過程

商品の出現、「使用価値」と「価値」

『資本論』において、最初に出て来るキーワードは**「商品」**である。

太古の原始共産制の集落共同体では、自給自足体制であった。農耕でも狩猟でも、当面の生活に必要な量以上の収穫があれば、その産物はまずは貯蔵した。この段階では、産物は単に産物である。

それに対して、資本主義経済においては、産物は売るために作られるのが基本である。多くの産物は、自分で消費するためではなく、それを交換に供《きょう》し、異なる産物を他人から入手するために作られる。このような商業社会は、共同体と共同体の間でなされる商品交換に端《たん》を発する。そこで、資本主義経済を分析対象とする『資本論』では、「商品」が最初の考察対象になっているのである。

しかし、この商品交換はなかなかうまくいかない。なぜなら、こちらの商品を相手が望むとは限らないし、こちらは自分の商品の価値を、そこに投じた苦労や愛着から高めに評価するが、相手の商品の価値はそれよりは低く見えるし、それは相手も同様だからである。この現象を見据《みす》えて、マルクスは商品には二面性があると考えた。それが「商品」の持つ、**「使用価値」**と**「価値」**である。

「使用価値」とは、使用者にとっての有用性を指す。たとえば、食物なら「飢えを防ぐもの」→「おいしいもの」という順序となり、衣服なら「防寒用」→「美観用」という順序となる。

いっぽう「価値」とは、こちらの産物の一定量が、相手のどんな産物のどれくらいの量と交換できるかという観点から見た、商品の性質である。

「使用価値」と「価値」はたがいに相容《あいい》れない。「使用価値」という有用性は漠然とした一般性はあるものの、気候により、場所により、人により、共同体によりまちまちであるからだ。極端な例としては、水は人間に不可欠な「使用価値」を持つが、「価値」はきわめて低い。金《きん》は限定的な「使用価値」しか持たないが、「価値」はきわめて高い。

この商品の二つの側面を定性的に対比すると、対照的である。

使用価値：個別的、具体的、主観的、流動的
価値：一般的、抽象的、客観的、安定的

そして、交換されるA商品とB商品とは単価が異なるので、交換量も異なるのが普通である。だから、交換式は次のような概念式となる。

A商品×X量＝B商品×Y量

難しく見えるが、具体例にすればわかりやすい。

りんご×10個＝鹿肉×2キロ

生産力が増大して、商品の質も上がり、量も増え、種類も多くなると、商品交換が盛んになってくる。交換件数や交換事例が増えてくると、商品ごとに固有の交換比率、すなわち、ある交換価値に収斂《しゅうれん》していく。「交換価値は需給のバランスで決まる」と、よく言われる。一面《いちめん》その通りであるし、需給の変動によって交換価値も変動する。

しかし、「需給がちょうど釣り合っている時の交換価値はどのようなメカニズムで決まるのか」「商品ごとに交換価値が異なるのはどうしてか」と聞かれると、需給バランスだけでは、本質は説明できない。

冬の果物ならりんごvs.みかん、履物《はきもの》なら靴vs.スリッパ、乗物なら自動車vs.オートバイ……と比べていくと、誰でも前者が高いと直感できるが、それでは具体的に何倍高いかと問われると、回答は容易ではない。しかし、両者の交換比率を決める見えないルールと方程式があるはずだと考究したのが、古典派経済学者やマルクスであった。

アダム・スミス（一七二三～一七九〇年）は、「人間の欲する安楽を放棄してかけた手間《てま》暇《ひま》がどの程度だったか」によって、交換比率が決まると定義した。何となくわかるが、理屈っぽい人からは「それでは手間暇をかけるのを楽しみと感じる場合、交換価値は下がるのか」という皮肉な反問があるかもしれない。

スミスのあとに活躍したデヴィッド・リカード（一七七二～一八二三年）は、「その商品に費《つい》やされた労働時間によって決まる」と定義した。このような考え方を**「労働価値説」**と言い、マルクスもこの概念を継承したが、それでは、その労働自体はいかなる価値を持つのかについては、リカードは明らかにしなかった。

マルクスはここに「労働力」という概念を導入し、リカードの方向性を徹底させた価値論を作り上げる。マルクスとそれ以前のスミスやリカードは、ほかにもさまざまな点で違いがあるが、価値の概念はマルクスによって明確になった。そして、この「労働価値説」

は、『資本論』およびマルクス経済学を組み立てる一つの大きな柱になっているのである。

確かに、ひとりひとりの労働者を見れば器用と不器用、正確と不正確、速いと遅いなどの個人差はあるが、マルクスは平均的能率を前提としている。すなわち、それは平均化・抽象化・単一化された労働量であり、労働時間である。このように、商品の価値を論じる時には、商品の具体的使用価値は捨象される。

交換価値の決定に関して、マルクス経済学の労働価値説に対して、近代経済学ではまったく違ったアプローチをする。それは、利害が相反する需要曲線（商品の価格が高いために鈍《にぶ》かった需要は、価格の低下と共に旺盛になる）と供給曲線（商品の価格が高いために旺盛だった供給は、価格の低下と共に鈍化する）が交わり、均衡するところで均衡価格と均衡量が定まるという法則である。

そして、それをいくつかの補正法則で洗練・改装させている。たとえば、需要曲線と供給曲線を技術革新や気候変動などの要素を読み込んで適宜《てきぎ》移動させたり、「限界効用逓減《ていげん》の法則（消費量が増えると効用は逓減する）」「限界収穫逓減の法則（生産量を増やすと追加投入して得られる収穫は逓減する）」などの要素を読み込んだりする。

しかし、マルクス経済学と近代経済学は、意見が割れているわけではないとも言い得る。近代経済学は、今何をなすべきかの具体性・実用性を重視しているのに対して、マルクス経済学は、長期的に資本主義経済の本質と問題点を追求していこうと、抽象的・哲学的なスタンスを採っているのである。

貨幣の役割

商品交換が盛んになると、あらかじめ交換する時と場所を決めて、そこまで商品現物を持っていって物々《ぶつぶつ》交換することは、きわめて煩《わずら》わしいものになる。しかも、交換が不成立に終われば、また商品を持ち帰らなければならない。このような不便を解消する手段が**「貨幣」**であることは、誰でも知っている。

貨幣を持っていれば、いつでもどこでも、欲しい商品と交換できる。このようなオールマイティーの商品＝貨幣になるための資格は厳しく、きわめて限られた商品がそれに適《かな》う。その資格とは、価値の尺度として確固とした安定性、流通手段としての使いやすさ、貯蔵のしやすさ、など。結局、歴史的には、金や銀が貨幣として選択されたのである。

金や銀を貨幣として使い、発達させたのは、農耕民族よりも遊牧民族であった。常に移動し、他の共同体と接触する機会が多かった遊牧民族は、持ち運びに便利な貨幣を使う必要性が高かったからである。

二十世紀になっても、中国の内陸部を旅行する時、旅人は必ず銀棒《ぎんぼう》を携行し、商品を買う場合、その価格に見合った重量を削《けず》り取って支払ったという。ヨーロッパでは、貨幣の起源は古いが、普及したのは中世になってからで、日常的に使われるようになるのは十八世紀以降の近代に入ってからである。

『資本論』第1巻では、「商品」「使用価値」「交換価値」「貨幣」などが実に長く、重《かさ》ね重《がさ》ね何度も説明されていることが、現代に生きるわれわれからすると、実に冗長《じょうちょう》で奇異に感じられる。気の短い読者なら、ここで『資本論』を放り出してしまうこともありそうだ。しかし、イギリスにおける貨幣制度の歴史を知れば、このようなマルクスの姿勢がよく理解できる。

イングランドでは、十四世紀頃から国が鋳造《ちゅうぞう》する銀貨が浸透、流通するようになった。しかし、国王は戦費調達などの財源を増やそうと、銀の成分を減らす悪鋳《あくちゅう》を行なったので、貨幣の流通量が増え、インフレーションが起こり、貨幣の信用も低下した。これではいけないと改鋳を行なった結果、十六世紀には、イングランドは世界でもっとも安定した鋳貨流通国《ちゆうかりゆうつうこく》となった。十七世紀末になると、イングランド銀行や地方銀行が設立され、銀行券の発行、手形割引、貸付《かしつけ》、預金などの業務が開始された。最初は混乱したものの、十八世紀の産業革命にともない、鋳貨と紙幣はようやく安定した地位を得るのである。

このように、当時の最先進国イギリスといえども、マルクスが『資本論』を執筆した十九世紀中頃は、工業生産が始まり、商品市場ができ、貨幣制度が安定してから、たった1世紀しか経《た》っていなかったのだ。

現在からは1世紀半も遡《さかのぼ》るのであるから、商品市場や通貨制度の発達の程度は大きく異なる。二十一世紀のわれわれに当然のように身についている商品や貨幣への感覚が、マルクスには新しく、当時の読者一般に説明するために、商品や貨幣の説明に多くの紙数を割《さ》いたのではないか。

それでは、実際にイギリスで供給された貨幣量の推移を見てみよう（次ページの図表4）。ここからは、産業革命が軌道に乗る十九世紀以降、いかに貨幣の流通量が著増したかがわかる。『資本論』でも、貨幣の流通量はどうなるかを概念式で示している。

市場で売買された商品の総額＝貨幣の量×貨幣の流通回数

貨幣の必要量＝市場で売買された商品の総額／貨幣の流通回数

この二つが成り立っている時が、適正な状態である。もし、これ以上に貨幣が供給された場合、物価高騰《こうとう》、商品の量的増大、貨幣の流通回数の減少――このいずれか、あるいは複数が起きないと、調整されないことになる。

『資本論』には、このような数字が入らない概念式と、数字が入る概念式が頻繁《ひんぱん》に出てくる。数字が出てきても、その計算は簡単なものばかりだが、概念の把握になると、よく考えないとわかりづらいものも多い。このような概念をよく考えることが、『資本論』を理

図表4
イギリスにおける貨幣量の推移

年	流通正貨	銀行券	預金	合計
1688	10	2		12
1750	15	5		20
1775	16	10		26
1800	20	25	5	50
1821	18	32	25	75
1844	36	29	81	146
1855	50	27	145	222
1865	70	27	270	367
1875	105	32	409	546

※単位：100万ポンド

（「Cameron」1967年版より）

解するうえで重要である。

貨幣の資本化

貨幣が普及してくると、貨幣と商品間で頻繁に交換が行なわれる。もっとも、一般的に交換される形態は、自分の持っているA商品と、自分の欲しいB商品を交換したい場合である。貨幣の出現前は、前述のように、自分が持つ（A商品×X量）と他人が持つ（B商品×Y量）が物々交換されたが、その交換に貨幣が介在すると、売買が可能となる。

『資本論』では、この流れを**W―G―W′**で表わしている。Wはドイツ語のWare＝商品の略であり、Gは同じくGeld＝貨幣の略である。W′は、Wとは異なる商品を指す。しかし、これでは単なる「一般に使われる貨幣」にすぎない。

次の流れは**G―W―G**。これは一見、アルファベットを一つずらしただけに見えるが、実は、まったく質の異なった交換方法を示している。すなわち、貨幣が商品に変わり、それが売られて再び貨幣に戻るという流れである。

しかし、貨幣が同額の貨幣に戻るのなら、何もこのような面倒なことをせずに、貨幣のまま持ち続ければよい。これは貨幣額が増えて、はじめて意味を持つ。この流れは**G—W—G′**と表現され、G′はGより金額が大きい。このような行為を続ければ、次はG′—W—G″となり、さらにこれを反復すれば、最初の元手であったGは莫大《ばくだい》な金額に膨《ふく》らんでいく。そして、これこそが「資本に使われる貨幣」として、大きな意味を持つのである。

消費者の立場
　一般に使われる貨幣＝W—G—W′
　　　＝余剰商品→貨幣（市場）→同価値の欲しかった商品

資本家の立場
　資本に使われる貨幣＝G—W—G′
　　　＝蓄積された貨幣→商品（工場生産）→増殖された貨幣

この貨幣の増殖を歴史的に見ると、中世から近世にかけて陸路ではシルクロードのサマルカンドやブハラなど、海上交通ではベネチアやゴアのような交易都市で行なわれていた。そのメカニズムは、安く買って高く売るといった不等価交換にも見えるが、陸路や航海におけるリスクと苦難の代償といった面もあったはずである。

このような商人資本としての増殖のほか、『ヴェニスの商人』に見られる金貸《かねかし》資本の増殖もあった。その場合はG—G′となる。

ところが、近代になり産業革命が起きると、工場生産を介《かい》してG—W—G′が行なわれるようになっていく。こうなると貨幣は、貨幣の所有者が自己増殖させるための貨幣へと転化している。すなわち、「資本家が所有する資本」という概念に到達したのである。これが、「資本としての貨幣」になったのである。

労働力という商品

中世や近世の封建時代においては、産業の中心は農業であり、土地の所有者である封建領主が農民を強制的に働かせることで、経済活動が行なわれていた。どの国でも、農民が働かないことは許されず、労働力の持ち主である農民たちは、領主に支配されていた。いっぽう、この時代には職人が営《いとな》むささやかな手工業も広がっていたが、税金に悩まされながらも、彼らは自営であった。

近代に入って工場制手工業が起こり、産業革命によって本格的な大工場生産が始まるためには、この背景のままでは不可能である。農民たちが土地に縛《しば》りつけられ、新たな労働力を調達できない状態では、資本主義経済は成り立たない。資本主義の成立には、仕事もなく、財産もなく、仕事を探す人たちの存在が不可欠である。

労働者としての要件は「無産であるから働かなければならないが、自分の労働力を売る自由な権利を持つ」ことである。それでは、このような労働者はどのように発生してきたのか、いや発生させられたのか。

イギリスでは十六世紀から十八世紀にかけて、毛織物の生産が盛んになった。原料となる羊毛を大量供給するには、大きな羊牧場が必要になる。そこでの儲《もう》けを狙《ねら》って、多くの資本家が借地羊牧場経営者として登場、旧来の大地主から広い面積を借り、羊牧場を造成した。そこに住んで働いていた農民たちは少額の金銭と引き換えに、あるいは強制的に追い出された。「Enclosure（エンクロージャー）」と呼ばれる、土地の囲《かこ》い込みである。

牧場でも労働者を必要としたが、農業ほどの人数は要《い》らない。行き場を失った農民たちは、最低限の暮らしならできそうな都会に吸い寄せられていく。

いっぽう、新たな時代の旗手である工業資本家が紡績工場などを建てる。しかし、彼ら近代の資本家は中世・近世の封建領主ではないから、労働者を集めて強制的に働かすことはできない。労働希望者たちも、法的には自分の意思で決めることができるが、実際には、自分が持つ労働力でしか生きられない。

こうして、おたがいのニーズが一致したことで、「労働力の商品市場」がはじめてでき、**「労働力の商品化」**が実現されたのである。

労働者（法的に自由だが労働力しか持たない）
↓
労働力の商品市場→労働力の売買
↓
資本家（法的に自由で、労働力を渇望《かつぼう》している）

この労働力こそ、まぎれもない商品である。そうすると、商品として労働力も必然的に「使用価値」と「価値」を備えることになる。労働力の使用価値とは、資本家にとっては、それをどのように使うか――どのような労働に何時間従事させるか――という「使い勝手」である。

いっぽう、労働力の価値は資本家が労働者に支払う「賃金」に反映されるが、「賃金」は結局、「労働力の再生産費用」に収斂《しゅうれん》される。その理由を説明しよう。

資本家はできるだけ安く労働力を買って、コストをできるだけ下げた製品＝商品を作り、それをできるだけ高く売りたい。しかし、労働力の所有者である労働者＝人間をあまり無理させ、疲労させ、病気になったら、工場での生産ができなくなり、元《もと》も子《こ》もなくなってしまう。だから、労働時間は無際限には長くできないし、賃金もその労働者および家族が最低限の生活は維持できる程度にしなければならないのだ。

このように、労働力は再生産されなければならない。そして、賃金は労働力の再生産コストであるから、すなわち労働者の生活コストである。また賃金は、資本を自由に使える資本家と、自分の持つ労働力を自由にできる労働者が、法的には対等の立場で自由に交渉して決められる。だから、労働力の売買も、資本主義経済活動のなかの**「等価交換」**であるとマルクスは定義する。

資本家にとって、労働力の価値はその再生産に必要な物資を作るための労働時間で決まるが、そうして再生産された労働力は、その価値よりも長い時間を使うことができる。労働力の使用価値は、労働力の価値と異なり、その差が「剰余価値」となる（次項で述べる）。したがって、資本主義社会の剰余は、単に安く買って高く売りつけるような商法や、高利金融などの「不等価交換」をともなう前近代的遺物によって生まれるのではない。

近代的資本主義経済は一貫した原理の下《もと》に合理的に動く体系であり、それこそが『資本論』の考察対象であるから、（貨幣を介した）商品の交換はすべて等価交換という原理で貫《つらぬ》かれている。工場所有者（資本家）が他の資本家から原料を購入する場合、資本家が他の資本家から機械を購入する場合、資本家が労働者から労働力を購入する場合、資本家が市場で生産した商品を販売する場合、すべてに等価交換が貫かれているのが『資本論』の体系なのである。

剰余価値

さて、商品生産を始めるには、次の三要素が揃《そろ》わなければならない。これは、古今東西共通である。

労働手段（土地、建物、機械・道具など）
労働対象（原料）
労働力（労働者）

『資本論』原典では、ここからマルクス固有の用語が頻発するので、あらかじめ、その用語の定義を先に整理しておきたい。マルクスは労働手段と労働対象を合わせて**「不変資本（C）」**と呼び、労働力を**「可変資本（V）」**と呼んだ。

商品生産において、原料は全量使い切って商品に価値を転移するし、機械などからは摩《ま》耗《もう》・消耗分といった一部が転移する。このように、その価値の全部ないし一部が変わらずに商品に移るという意味で、「不変資本」としたのである。これに対して、労働力は原則として自らの価値とは無関係に使用し、労働時間を延《の》ばすことができるから「可変資本」と呼んだ。

「不変資本」「可変資本」は、現在の会計用語としてはなじみがなく、現在一般的に使われるのは「固定資本」「流動資本」である。この四つの用語は末尾の「資本」は共通だが、接頭語は異なる。わかりやすくするために、その相互関係を示そう。

生産の三要素	商品形態	『資本論』用語	会計用語
労働手段	建物・機械など	不変資本（C）	固定資本
労働対象	原料	不変資本（C）	流動資本
労働力	労働力	可変資本（V）	流動資本

現代の会計では流動資本の価値はすべて商品に転移され、固定資本の価値の一部の磨滅・消耗部分だけが、減価償却コストとして一部商品価値に転移される。『資本論』も「現代会計」もまちがいではなく、矛盾《むじゅん》もしないが、その切り口が違うため、用語と意味

の混同がとても起きやすいのである。

このような構図のなか、資本家が利益を上げるには、「不変資本」部分からではなく、「可変資本」部分から上げるしかない。なぜなら、原料や機械に労働力を加えず、そのまま売っても、せいぜい買った値段にしかならず、まったく付加価値がつかない。資本家は原料や機械に労働力を加えて、はじめて商品に仕上げることができ、その商品は、労働力に払った賃金も含めた総生産コスト（C＋V）より高く売れるのである。

別の角度から言えば、総生産コストより商品を高く売らなければ、資本家が資本を準備して、わざわざ商品生産を行なう意味がない。そして、この付加価値を**「剰余価値（M）」**とマルクスは名づけた。そして、剰余価値が賃金に対してどれくらいの割合かを示すのが**「剰余価値率」**である。たとえば、剰余価値率が１００％ならば、剰余価値は賃金と同じということになる。すこし整理しよう。

商品の交換価値＝不変資本（C）＋可変資本（V）＋剰余価値（M）

剰余価値率＝剰余価値（M）／可変資本（V）

なお、この概念式は現代会計で言えばフローの側面であって、ストックの側面でない。特に注意を要するのは「不変資本」で、これを機械の購入代金と錯覚してしまうケースが多いようだ。しかし、ここでは、これは一《いち》生産サイクルにおいて、磨滅・消耗される機械コスト＋原料コストを指している。

資本家はできるだけ多く儲けたいから、まず労働時間を延ばして剰余価値を大きくし、「剰余価値率」も上げることを考える。この方法を**「絶対的剰余価値」**の生産と言う。賃金は労働力を再生産するために、労働者の生活コスト以下にできない。そこで、資本家は労働日（労働時間）を延長して剰余価値を増やそうとする。実際に、工場生産が始まった初期、資本家はこの方法を採った。すると、ヨーロッパではたちまち勤労男子の健康が蝕《むしば》まれ、体格は目に見えて貧弱になっていった。

フランスでは歩兵の徴兵検査における合格身長は、一七八九年の革命以前は１６５センチメートルだったが、一八一八年には１５７センチメートルに、一八三二年には１５６センチメートルと下げざるを得なかったし、体格とは別に、虚弱体質者も増え、なんと半数以上が不合格となってしまった。

同じような現象は、プロイセンでも起きたと報告されている。この現実を見せつけられて、政府も企業も、過度の長時間労働は自分たちの首を絞めることを悟《さと》り、「絶対的剰余価値」の生産方式を反省したのである。すなわち、この方法には限界があって、これのみでは資本家の利益が拡大されないことがわかったのである。

次に資本家が考えた方法は、労働時間は増やさないが、労働力の再生産コストを減らして剰余価値を増やすことであった。この方法を**「相対的剰余価値」**の生産と言う。それでは、労働力の再生産コストを減らすにはどうすればよいか。

たとえば、工場に新型機械を入れて生産効率を上げることである。そうすると、1人あたりの労働時間は同じままで、効率化によって生産量がたとえば2倍になると、商品1個あたりに費やされた労働時間は半分になる。商品の生産コストはそのぶんだけ下がり、結果として、労働者が買う物の値段も下がるので、賃金を低く抑えることができるのである。

こうして、剰余価値＝資本家の利益は増えることになる。

絶対的剰余価値：労働時間の延長により、剰余労働時間を絶対的に増やして得られる剰余価値
相対的剰余価値：労働力の再生産コストを下げて、剰余労働時間を相対的に増やして得られる剰余価値

とはいえ、「相対的剰余価値」の生産過程では、一部の企業で商品の生産コストが下がっても、物価はすぐには下がらない。その場合、生産効率を上げた企業だけが特別利益を得られる。これを**「特別剰余価値」**と言う。これは、現在の技術革新（イノベーション）による先駆者利益や特別利益に相当する。

しかし、資本主義経済では、生産性の高い企業を見習い、追随する企業が必ず現われる。そうなると、特定企業のみが享受していた特別利益はやがて消滅して、以前より下がった一般価格が市場を支配するようになる。

ただし、ほどなく次のイノベーションも起きて、また同じようなサイクルが繰り返され

る。資本主義社会では、このような〝いたちごっこ〟が常態化するのである。

技術革新1――→特別剰余価値1の発生
技術の陳腐化1―→特別剰余価値1の消滅
技術革新2――→特別剰余価値2の発生
技術の陳腐化2―→特別剰余価値2の消滅
技術革新3――→特別剰余価値3の発生
…

労働者の立場

大著『資本論』は全巻を通して、多くのことをさまざまな角度から分析しているが、それらは資本家の目線で書かれている。資本内奥《ないおう》のメカニズムに迫ろうとしたのであるから、当然とも言える。

労働者の立場については、第1巻の中間部分にかなり紙数を割《さ》き、第2巻・第3巻にも出てくるが、ここに集約的にまとめてみたい。すなわち、労働者がどのような仕事を与えられてきたか、どのように働かされてきたか、それに対して何が起こったか、という観点である。

工業としての資本主義的生産は、十六世紀の「工場制手工業」から始まると言われている。当初は、同じ作業場に集められた多くの労働者が同時に作業を行なう**「協業」**形態で、それまでの個人的手工業者が集まったものと質的に違いはなく、単に人数の違いである。その生産性は、(個人の作業×人数)になるが、共同作業にはそれとなく緊張と競争意識が流れ、ある程度の労働強化と生産性の向上が見られた。

やがて、作業場に**「分業」**形態が導入される。生産工程がいくつかの段階に分断され、集められた労働者は段階ごとに、所定の作業を命令される。より単純化された作業の反復となるので、最初から最後まで1人で担当するより作業スピードは上がり、全体での生産性は当然高まる。これは資本家には福音《ふくいん》だろうが、労働者から見れば、創造性の低下した単純作業になる。作業の分業と共に、総合的組み立て産業が発達していなかった当時においては、社会的な分業も進むことになる。

そして、産業革命と共に登場するのが**「機械制大工業」**である。それは生産性を上げ、労働力の再生産コストを減らし、剰余労働時間を上げるためであるが、労働者にとって好ましからざる三つの影響をもたらした。

一つ目は、機械の利用によって筋力の要《い》らない労働部門ができ、そこには賃金の安い女性と児童が動員された。相対的に過酷な労働になりやすく、また労働力の供給源を増やすことになり、労働市場において労働者は不利になった。

二つ目は、機械の粛々《しゆくしゆく》とした稼働は、労働者をして労働時間の延長に対する抵抗感を減少させ、資本家も機械の稼働時間を上げようとした。だから、当初は労働時間の節約を目指していたとしても、機械の導入が逆に労働時間の増加につながってしまった。

三つ目は、この労働時間の延長が難しい場合、それに代わって労働強化が図られたのである。具体的には、機械の作動スピードを上げたり、労働者1人あたりの受け持ち機械台数を増やしたりした。チャップリンの映画「モダン・タイムス」に描かれているのは、まさにこのような光景である。

協業→労働者の競争心理による効率向上
↓
分業→労働の細分単純化による効率向上
↓
機械制大工業→①女性・児童の動員、②労働時間の延長、③労働の強化

虐《しいた》げられた労働者側もまったく無抵抗だったわけではなく、十九世紀に入って最初の約15年間、「ラッダイト運動」と呼ばれた労働者による機械の打ち壊しが続いた。資本家は手を焼いたが、機械化を進めるうちに労働力市場の需給バランスは次第に緩《ゆる》み、労働者

の立場はかえって弱くなっていった。

政府も黙視するわけにはいかなくなり、調査員が労働実態を調べたところ、少女たちが6週間にわたって朝3時から夜10時まで働かされた事例、5分でも遅刻すると賃金を4分の1カットされた事例、工場事故で指をなくした少女に対して即賃金の支払いが停止された事例などが報告された。

ついに、イギリスでは一八三三年に工場法が制定される。苛酷《かこく》な労働を強《し》いられた工場労働者、特に若年労働者および女子労働者の保護を目的としており、労働時間や深夜業を規制するものであった。さらに一八四四年、一八四七年、一八六七年、一八七四年と、数次にわたって工場法が改正された結果、工場監督官の配置を義務づけたり、週56時間制が採用されたりした。

十九世紀以来、各国で同様の法律が制定され、改正も重ねられ、一九一九（大正八）年に採択されたＩＬＯ（国際労働機関）第1号条約では1日8時間・週48時間労働を定めるなど、労働条件・労働時間規制が進んだ。日本でも、一九一一（明治四十四）年に工場法が制定されている。

さて現在、主要企業の労働者の賃金は月給制であるが、十九世紀のイギリスにおいては**「時間賃金制」「出来高賃金制」**が多かった。共に、次のような理由で、労働者に不利で資本家に有利な体系であった。

時間賃金制：労働者は高賃金を求めて残業→資本家は時給を下げやすくなる→賃金水準の下落

出来高賃金制：出来高を求めて労働密度が高まる＋資本家側の監視を減らせる→身体の過労

資本の蓄積過程

「資本の本源的蓄積」とは、工場生産を始めるにあたって元手の資本はどこから来たのか、ということである。たとえるなら、「宇宙の起源は何か」と問われて「ビッグバンである」と答えるようなものだ。

中世の封建領主や近世の国王は確かに資金を持っていたが、彼らの習性や時代環境から、それを工場生産に使おうという発想が起きるわけはない。イギリスで資本主義経済が始まった時期については諸説あるが、前述したように十六世紀頃からの毛織物ブームがきっかけとなって、大規模な羊牧場経営者と毛織物工業経営者が誕生した時期は有力な説の一つである。

これらの新しい経営者のなかには、旧来の土地貴族階級から転身したケースもあったが、むしろ才覚のある自作農民や借地農民が大きく羽ばたいて転身した事例のほうが多かった。また、都会では商人資本家や高利貸《こうりがし》資本家も育っていた。このような資本家と資本は、十八世紀の産業革命から始まる近代的工場生産に先駆けて興隆を見せていた。

このようにして、「資本の本源的蓄積」がなされたあと、資本家は商品生産をどのように展開していったのであろうか。

もっとも単純なケースは、毎年同じ規模の商品生産を継続し、利益を資本家個人の衣食住、趣味、交際費に充《あ》てるパターンで、これを**「単純再生産」**と言う。しかし通常、資本家は利益の一部を自分の消費に使うが、残りは蓄積して**「拡大再生産」**に向ける。

アダム・スミスやリカードなどの古典派経済学は、旧貴族的な浪費を戒《いまし》め、剰余価値は資本の蓄積に使われなければならないとした。商品生産は年々進歩し、拡大し、改良されていくので、「単純再生産」では社会で次第に遅れを取り、取り残されてしまう。その意味でも、「拡大再生産」が商品生産における基本的な傾向で、それに対処して資本が蓄積されねばならない。

ほとんどの資本家が「拡大再生産」に走るということは、それだけ、資本家間の競争が激化するわけで、資本家はこの競争にどう勝ち抜くかを真剣に考えなければならない。前述したように、ただ労働時間を延長する「絶対的剰余価値」の生産には走れないので、さまざまに考えをめぐらす。

第一は、機械設備はそのままで、労働者を増やして機械の稼働率を極限まで上げる方法。第二は、従来と同じパターンながら、機械の台数と労働者を増やす方法。そして第三が、高能率・高性能な機械に更新して、一挙に特別利益を狙う方法である。

第一と第二のケースにおいては労働需要が増えるが、第三の場合は労働需要を相対的に減らす力学が働く。当然、第三の方法が優勢で支配的になっていく。マルクスが**「資本の有機的構成の高度化」**と呼ぶもので、相対的に「不変資本（C）」が増え、「可変資本

（V）」は減少する。

そうすると、産業の発展期で人口が増加していく環境下では、相対的に過剰労働人口が増加し、**「産業予備軍」**が増えることになる。『資本論』では、ろくに職を得られない「産業予備軍」の人々の生活がいかに悲惨であったか、いくつか実例を挙げて説明している。

たとえば、衛生当局が、労働者たちが一室に何人で寝ているかを調査すると10〜16人であったし、寝床は汚《きたな》いボロか鉋屑《かんなくず》だったという報告を引用している。また、当時は約10年に一度、恐慌が起こったが、そうなると、熟練工でさえ「パンと引き換える切符」のために、長い行列に並ばなければならなかった。「囚人なみ」の栄養を摂《と》れる人すら少なかったという。

さらに、一八四六年に穀物条例が廃止され、外国から安い農産物が入りやすくなったことは、労働者の食費が下がることに寄与したが、資本家にとっては賃金を下げるのに好都合となった。

いっぽう、翌一八四七年には工場法が改定、労働時間が10時間に制限された。すなわち、労働者の待遇をめぐって「飴《あめ》と鞭《むち》」の方策が、政府や資本家によって動いていたのである。

しかし、安い賃金労働を獲得した資本家も、全員がハッピーだったわけではない。「資本の有機的構成」が高度化するなか、資本家間の競争が激化。資本の蓄積額、新型機械の選択、新型機械への更新のタイミングなどによって、優勝劣敗《ゆうしょうれっぱい》の法則が働いたのだ。この優勝劣敗現象を『資本論』は**「資本の収奪」**と表現している。

大が小を倒し、大が小を飲み込むなどして、小資本は押されて大資本への**「集積と集中」**が進行する。巨大資本は、新型の大型機械を多く装備して「不変資本（C）」を増強する半面、「可変資本（V）」、すなわち労働者の需要を相対的に減少させていくことは、すでに述べた。

ただし、ここでよく見落とされる点に注意しよう。というのは、技術革新＝新型機械の導入＝資本の有機的構成の高度化が起きると、当該企業では剰余価値の低下に襲われるとしても、その新型機械を受注した機械メーカーは新規受注を享受し、新たな商品生産を行なう。すると、それに対応した不変資本（C）＋可変資本（V）＋剰余価値（M）という価値が新たに発生し、一時的には労働者もよけいに雇《やと》うかもしれないのだ。

『資本論』の論脈や概念式は個別に適用すると、全体を見失うことがある。さまざまな場合や局面に合わせて因果関係や論脈をよく考え、よく整理して使い分ける必要があるのであろう。特に、この「資本の有機的構成の高度化」については、複眼的に見なければならないように思われる。実際、マルクスが『資本論』第1巻で描いた資本の蓄積過程については、マルクス経済学者間でも論争がある。

マルクスは、生産性の上昇が労働需要を減退させる効果を強調し、それが資本の蓄積過程の傾向として貫かれていると言うが、資本蓄積の結果、全体として資本量が増大すれば、それは労働需要を押し上げることもあるはずである。

しかしマルクスは、絶え間《ま》なく有機的構成を高度化していく蓄積過程の下《もと》では、長期的・趨勢《すうせい》的には、前者の効果が支配的になると見定め、労働者の生活が窮乏《きゅうぼう》化していく傾向を、資本主義的蓄積の一般法則としている。

「資本主義的私有の最期《さいご》を告げる鐘《かね》が鳴る」

ここまで見てきたように、『資本論』第1巻は、生産性の上昇による労働需要の減退が産業予備軍を増大させ、資本主義を行き詰まらせると警告している。まず、企業の内情は次のように推移する。

利潤の飽《あ》くなき追求→特別利潤の追求→新型機械の導入（生産性の上昇）→特別利潤の享受（生産コストは下がるが、まだ商品は高値で売れる）→特別利潤の消滅（ライバル企業も追随して一般化、商品の価格が下がる）→相対的剰余価値の生産（資本構成で可変資本が減少する）

個別の企業は、特別利潤の獲得を目指して新型生産設備を導入していくが、その結果として、システム全体の機能不全を招くという。それでは、社会全体では何が起きるのか。

第一に、労働者について。このように、「可変資本（V）」が相対的に減少することは、労働需要も減らすことになる。労働者は次第に過剰になり、「産業予備軍」を発生させる。また、労働の需給バランスから、賃金も下降傾向になる。労働者は団結し、労働組合も結成するが、彼らの立場は弱くなるいっぽうである。

第二は、物価の下降傾向である。新型機械が導入され、生産効率が上がれば、商品の生産量は増え、物価は下降し始める。これによって、労働者の生活コストは低下、以前より安い賃金でも生活はできるようになるが、資本家はこれを奇貨《きか》として賃金の切り下げを行なうことになる。

第三は、古典派経済学の人口法則の否定である。古典派経済学は、賃金の上昇・下落に対応して、自然に労働人口が増減すると主張したが、マルクスは資本の労働需要の大小が賃金の騰落《とうらく》を引き起こすと述べている。これは、ここまで『資本論』を読み進めれば、十分理解できよう。

第四は、景気循環と恐慌である。そのメカニズムは、マルクスが書いた第1巻には明確に示されておらず、第2巻・第3巻にも十分に展開されていない。しかし、景気循環や恐慌に関する記述は、『資本論』のそこかしこに見られる。事実、十九世紀においても、好況から不況までのサイクルは約10年ごとに起こっている。

さて、本書では『資本論』の原文の引用はしないと言明したが、ここで例外的に原文を掲載したい。その理由は、その内容がきわめて重要で衝撃的であるからだ。

あらゆる利益を横領し独占する大資本家の数の不断《ふだん》の減少とともに、窮乏、抑圧、隷《れい》従《じゅう》、堕落《だらく》、搾取の度《ど》が増大するのであるが、また、たえず膨張しつつ資本主義的生産過程そのものの機構によって訓練され結集され組織される労働者階級の反抗も、増大する。資本独占は、それとともに、かつそれのもとで開花した生産様式の桎梏《しっこく》となる。生産手段の集中と労働の社会化とは、それらの資本主義的外被《がいひ》とは調和しえなくなる一点に到達する。そして、外被は爆破される。資本主義的私有の最期を告げる鐘が鳴る。収奪者が収奪される。（カール・マルクス『資本論』）

この原文もくどく、意味もわかりづらいが、最後の文章は、日本のマルクス経済学者やマルクス主義者を強く刺激し、興奮させ、これこそマルクスの究極のメッセージとして受け止められた。すなわち、「今こそ、大独占資本家を倒す潮時《しおどき》である。いざ立ち上がれ！」と解釈したのだ。

しかし、『資本論』は、政治的行動を促《うなが》すアジ演説ではけっしてなく、資本主義経済の矛盾を理詰めに解こうとした書である。第1巻、第2巻、第3巻の全体をよく吟味《ぎんみ》して、『資本論』の訴える論脈と趣旨を冷静に考える必要があると思うのである。

追加説明・ミニ恐慌史

それでは、経済恐慌はどのように起こったのかを振り返ってみよう。

ヨーロッパの歴史を見ると、一八一五年恐慌以降、十九世紀中は約10年に1回、恐慌が襲ってきた。すなわち、好景気が続いて消費と投資が過熱、供給が増えたあとに突如、商品が売れなくなり、賃金が下落、やがて景気が回復して好景気が訪れると、また同じことが起こったのである。

一八五七年恐慌および一八七三年恐慌は、マルクスも目の当《まあ》たりにした。一八七三年から6年間にわたり、ヨーロッパおよびアメリカで金融恐慌の様相を呈《てい》し、イギリスでは十九世紀末まで約20年間、経済停滞が続いた。それは、空前の繁栄を誇った大英帝国の没落の始まりでもあった。

約半世紀後の一九二九（昭和四）年十月二十四日、アメリカ・ニューヨークのウォール街においてゼネラルモータース社などの株価が突如下落、これが数日間続いて大暴落となった。株価の大暴落はアメリカ産業の収縮として現われ、これが世界中に波及していった。いわゆる「世界恐慌」である。

まず、南米諸国の債務不履行（デフォルト）が起こり、第一次世界大戦により大きな痛《いた》手《で》を被《こうむ》っていたオーストリアとドイツの大銀行の倒産に飛び火する。これに対し、アメリカ、イギリス、フランスなどの自由主義国は、金本位制からの離脱や輸入高関税などの経済政策で対応するいっぽう、ソ連やドイツなど全体主義国は国家による産業統制を強力に推《お》し進めて対処した。日本もこの影響を免《まぬか》れず、「昭和恐慌」の発生となり、軍国主義的政策の追い風となった。

第一次世界大戦後のワイマール体制（軍縮と国際協調体制）は崩《くず》れ、ブロック経済化や軍備強化が強まり、これが第二次世界大戦の遠因ともなった。アメリカではニューディール政策の発動など、ＧＤＰ（国内総生産）に対する財政比率を大幅に上げて緊急対応したものの、中途半端《ちゅうとはんぱ》に終わった。

アメリカは第一次世界大戦後に世界一の経済大国となっていたが、モータリゼーションや大量生産方式といった実体経済のブームに便乗した投機行動が、一九二〇年代後半から過熱、恐慌を増幅させたのである。

第二次世界大戦後、一九七三（昭和四十八）年の「第一次オイルショック」と一九七九（昭和五十四）年の「第二次オイルショック」は、化石燃料や原料の低価格に乗った産業政策の反動である。当時、高度経済成長（一九五四〜一九七三年）を追いかけていた日本は無防備で混乱は大きかったが、根はさほど深くなく、やがて終息した。

日本にとって深刻だったのは、一九九一（平成三）年から一九九三（平成五）年にかけて起きた「バブル崩壊」であろう。前述のように、戦後日本の高度成長は20年間続き、GDPは世界2位に躍り出る。そして、第一次オイルショックを境《さかい》に安定成長期（中成長期）に移行、それは一九九一年のバブル崩壊まで20年間続いた。

したがって、日本の経済的繁栄は一九五四（昭和二十九）年から40年間弱も続いたのである。この間、潤沢《じゅんたく》となった資金は拡大再生産に還流されただけでなく、土地や株式投資に向かい、「東京都の地価総額がアメリカ全土より高い」という、誰が考えてもおかしな現象が生じたのであるから、はじけるのは必然であった。

一九八九（平成元）年十二月二十九日、日経平均株価が3万8957円の最高値をつけたあと、株価と地価は急激に下落に向かった。それにともない、不良債権の拡大や金融機関の倒産が相次ぎ、政府は公的資金を注入して鎮静化に努めた。しかし、金融機関は貸し渋《しぶ》りに転じていたために経済活動は停滞、二〇一〇（平成二十二）年あたりまでを「失われた20年」と呼ばれるようになった。その後は、低位安定の経済状況が続いた。

日本経済が落ち着きかけた頃に起こったのが、二〇〇八（平成二十）年のアメリカを震源とする「リーマン・ショック」である。世界恐慌と同様、アメリカで経済が過熱して投機的な住宅ブームが起こり、そこに投入された過大なサブプライムローンが破綻《はたん》した。負債総額6130億ドル（約64兆円）という空前絶後のリーマン・ブラザーズの倒産、世界中でGDP総額を上回る株価・時価総額の下落も起こった。

幸《さいわ》い、日本の金融機関はバブル崩壊の処理で用心していたため、影響は比較的軽微《けいび》だった。ただし、リーマン・ショックは、単に景気過熱やそれにともなう投機行動だけでなく、ITの発達や哲学なき金融工学の導入で、一つの経済的挫折がレバレッジ効果によって規模が拡大、世界中に即座に伝播《でんぱ》して増幅したことが、新しい問題点である。

マルクスが『資本論』を執筆していた当時、景気変動の波長（サイクル）は10年と短く、その波高（マグニチュード）もさほど高くはなかった。それが、次第に波長が長く、波高はますます大きくなってきたように思える。

ただ共通するのは、資本主義経済において、資本が利潤を求めて激しく動く結果、商品生産だけでなく、株式や不動産などへの投機も伴走して膨《ふく》らんでいく。『資本論』の準備草稿の一部をなす、マルクスの『剰余価値学説史』で述べられている「世界市場恐慌は、ブルジョア経済のあらゆる矛盾の現実的総括、および強力的調整と理解されなければならない」を、今こそ吟味すべきであろう。

●第2巻　資本の流通過程

第2巻の特徴

『資本論』第2巻は**「資本の流通過程」**という題がついているため、生産過程（工場）から離れて、商流過程や物流過程を述べたものと思われるかもしれないが、実際はこれらも含むが、もっと大きな資本全体の様態《ようたい》変化について、次の三部構成で述べている。

資本の循環：貨幣資本・生産資本・商品資本からなる、資本のサイクルの分析
資本の回転：一定期間内に回収される資本とそうでない資本の分析
社会総資本の再生産：社会全体における再生産連関の分析

前述のように、第1巻がマルクス自身によって書かれたのに対して、第2巻はマルクスの死後、残されていた膨大な草稿・メモをエンゲルスが編集、刊行したものである。

しかし、これはかえってよかったのかもしれない。というのは、第1巻は商品生産を純粋に抽象的に学問的に洞察したものであるのに対し、第2巻はたとえば「資本を速く回転させて利潤を最大化しなければならない」といった資本家の経営上の目線が必要だからだ。

実際、マルクスは工場経営者であったエンゲルスに資本の回転率などについてしばしば照会の手紙を送り、経営の実務を学び、この草稿に大きく反映させている。

資本の循環

資本家が商品生産をする場合には、次の3ステップが必要となる。第1段階は「準備」で、元手の資金で生産手段を市場で購入する。第2段階の「生産」では、その生産手段で商品を生産する。第3段階の「販売」で、作った商品を市場で売り捌《さば》くのである。『資本論』では、この過程を**「資本の循環」**と称しているが、資本がどのような形態で変転していくかという切り口からは**「資本の変態」**と称し、次のアルファベットが並べられている。

$$G—W(Pm+A)\cdots\cdots P\cdots\cdots W'—G'$$

Pmはドイツ語のProduktionsmittel＝生産手段、Aは同じくArbeitskraft＝労働力、Pは同じくProduktionsprozess＝生産過程の略である。このままではわかりづらいが、3区分するとよくわかる。

G―W（Pm＋A）：貨幣資本。貨幣（G）で商品（W）を買う。それは生産手段（Pm）と労働力（A）である

……P……W′：生産資本。それを使って生産（P）し商品（W′）にする

W′―G′：商品資本。その商品（W′）を売って貨幣（G′）にする。

第1段階では、資本家は、貨幣（G）で生産手段としての労働手段（建物・機械など）と労働対象（原料）と労働力を、それぞれ異なった市場から、それぞれ商品（W）として購入する。

第2段階では、第1巻で説明したようなしくみで商品生産される。

第3段階として、できあがった商品（W′）は市場で売られ、資本家は貨幣（G′）を得る。したがって第1段階における価値G＝Wは、第2段階で付加価値＝剰余価値がついて、第3段階では価値がW′＝G′に増殖している。

このような資本の循環について考察を始めよう。まずは時間的順序である。工場で商品を生産する場合、生産終了時までの生産期間を見ると、多くの工場では労働力が使われて

いる労働期間が多いが、場合によっては労働者が生産労働から一定期間離れる休止期間も生じる。たとえば、皮なめし工場の乾燥期間、ワイン工場の発酵期間などである。

しかし『資本論』の論理では、このような休止期間には剰余価値はいっさい生まれないから、できる限り休止期間を短縮し、労働期間を長くしなければならない。これは、流通期間も同様であり、できるだけ短縮しなければならない。

生産期間＝労働期間＋休止期間　※休止期間は短縮すべき
流通期間　※短縮すべき

次にコストを考察する。『資本論』では純粋な生産コストのほか、流通コストとして商人コスト、簿記《ぼき》コスト、保管コスト、運輸コストを挙げている。そして、流通コスト全体を俯瞰《ふかん》したうえで、生産コストとは違い、流通コストは本質的に剰余価値を生まないから、それを最小限に抑制すべきであると言う。

このような考えは、われわれからは大変奇異に感じられる。現在では、さまざまな種類の流通機能が増え、その機能を担《にな》う会社や部署も大きく貢献、発展しているからだ。また、マルクスの時代には考えられなかった機能とコストも広がっている。

大別	種別	現在の機能分担者
『資本論』における流通コスト	商人コスト	メーカーの営業部門、商社、百貨店・量販店・コンビニ
	簿記コスト	メーカーの管理部門、会計士・税理士
	保管コスト	メーカーの倉庫、商社の倉庫、倉庫会社
	運輸コスト	船舶・鉄道・航空機・自動車会社、輸送専門会社
『資本論』掲載外のコスト	研究開発コスト	メーカーの研究開発部門、リサーチ会社
	情報コスト	IT会社、マスコミ
	広報コスト	メーカーの広報部門、広告会社、マスコミ

現在、これら業務に従事している人数は膨大であるし、自分たちは社会に付加価値をつ

けているを自負している。

このようなコスト感覚と論議には、マルクス固有の感性も働いたであろうが、『資本論』自体がやはり十九世紀半ばにおけるイギリスの産業に対する観察と洞察にもとづいており、歴史的制約は免《まぬか》れない。

資本の回転

資本家は商品生産で、できるだけ利潤を得たいから、剰余価値を最大化するように努力する。そのメカニズムは、第1巻および前項の「資本の循環」で説明したが、資本の一《いち》循環として静態的に見てきた。ところが、現実の資本は利潤を求めて、動態的に回転運動をしている。この**「資本の回転」**に関して、77ページの図表を再度見ていただきたい。

資本の循環は1回では終わらない。何回も繰り返されるし、その回転を速めなければならない。このような回転を考える時、会計用語で言う、流動資本の回転と固定資本の回転は大きく異なり、それぞれ特有の回転を行なっている。

原料や労働力という流動資本は1回ごとに全価値が生産商品に移転されるが、機械などの固定資本は1回ごとでは、そのごく一部の損耗《そんもう》分（会計的には減価償却分）が移転されるにすぎない。なぜなら、機械は通常何百回も何千回も繰り返し使われるからだ。その間、点検、修理、部品交換、保守などの作業も必要であり、そのコストの一部は機械本体の損耗分と同じ扱いになる。そして、機械が磨滅《まめつ》したり、技術革新のために更新、振り替えたりしなければならない時期には、巨額の資本が必要となる。

『資本論』では機械、原料、労働力などが物理的にどれくらいのスピードで作動したかは捨象して、1年間に何回転したか、そのためにどれだけの資金が用意されなければならないかという観点で、資本の回転を見ている。数字を用いると、次のようになる。

項目	固定資本	流動資本	合計
初期投資額	5億円	5億円	10億円
1年間の回転数	1／10回	5回	
1年間の回転額	5000万円	25億円	25億5000万円

これだと、資本家の初期の資本10億円は資金立て替えとして継続するが、その10億円は1年間に25億5000万円ずつ2・55回転することになる。

ここでは、さらに資金繰りに焦点を当て、端的《たんてき》に要約してみよう。前述した生産期間でも休止期間はなくすべてを労働期間とし、剰余価値もつかないと単純化する。

次に、左の図表をご覧いただきたい。

1週間あたりの所要資金を1億円、労働期間を6週間、流通期間は3週間とすると、商品生産開始から9週間目で売れて、商品代金を回収できる。

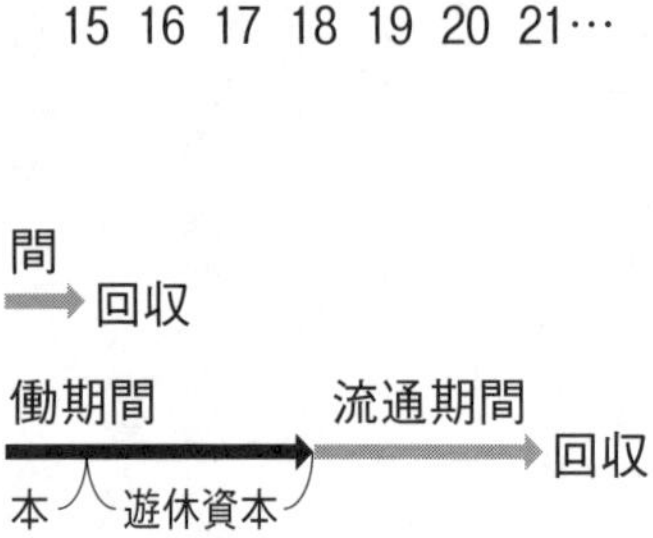

ただし、流通期間が始まる6週目から、次（2回転）の商品生産に入らなければならないから、つなぎの3週間分の追加資本が必要となる。そして、9週目で入った資金12億円のうちの3億円は、12週目までの3週間に遊休資本として活用できる。これは会計の「資金繰《ぐ》り表」の初歩的問題であるから、読者は簡単にわかるであろう。
このような（労働期間＋流通期間＝総期間）パターンで、労

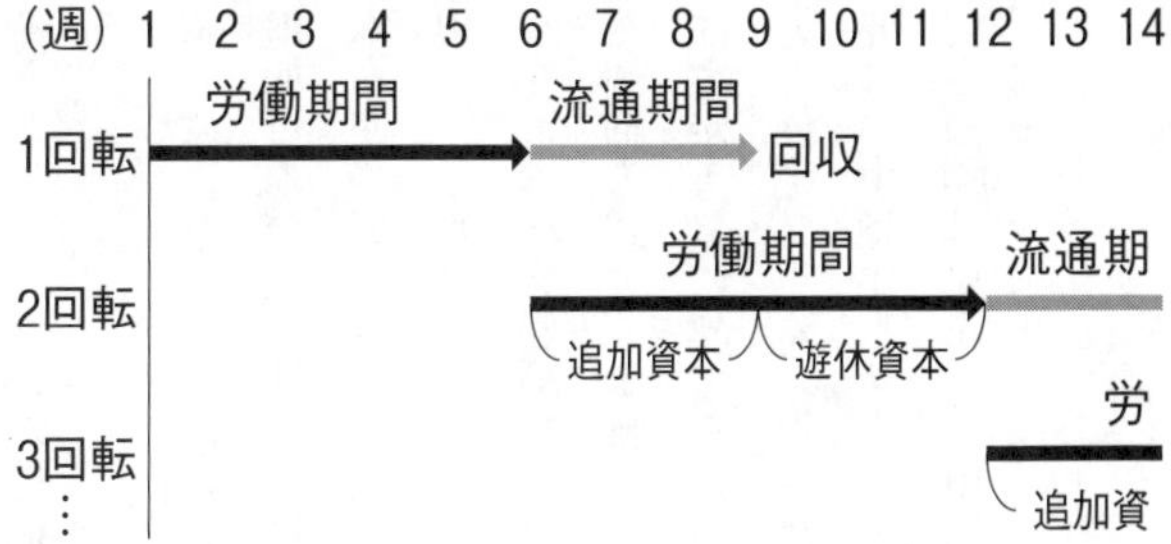

働期間と流通期間を計算すると、当然だが、流通期間が長くなるほど、用意しなければならない追加資金額は増えるが、遊休資金額も同様に増える。

資本の回転を考える場合、その回転は商品によって大いに異なる。農作物の収穫はたいてい年1回、工業生産では機関車のような商品は完成に時間がかかり、資金額は大きいが、販売金額も大きい。いっぽう、綿布のような商品ではすべてが反対である。

『資本論』では、労働期間と流通期間の長短によって追加資金と遊休資金の金額の多寡《たか》が異なることを詳細に説明しようと、さまざまなケースを挙げているが、現在の会計常識から見れば、まったく簡単な資金繰り表にすぎない。第2巻を編集したエンゲルスは工場経営の経験があり、これらについてはマルクスより詳しかったはずである。いささか辟易《へきえき》したで

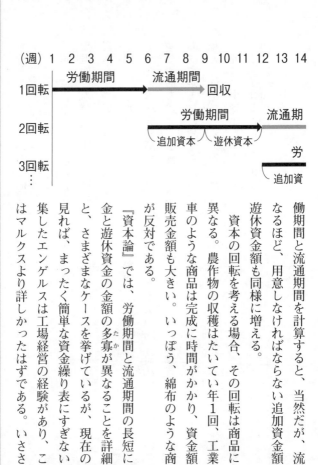

いる。

あろうが、マルクスの遺稿は大事な経済学史上の資料とでも思ったのか、そのまま載《の》せて

資本家にとって、前貸《まえがし》資本額（投下資金額）が大きければ大きいほど、売れないリスクや追加資本発生のリスクは高まるが、金融機関や信用制度の発達にともない、大きな前貸資本を使ってリスクを取って大儲けしようという資本家も出て来る。

現に、マルクスはロンドン郊外で大がかりな建売《たてうり》住宅の販売を目撃している。それまで、住宅は注文建築であり、個々の注文主と大工の間で前払い・中間払い・完成払いといった契約方式で、1軒ずつ建てられていた。それが、建設業者によって見計《みはか》らい建売方式の住宅が大量に建てられるようになったのである。二〇〇七（平成十九）年のアメリカで起きた住宅ブーム（のちにサブプライムローン破綻を引き起こす）を見るようである。

要は、小量オーダー・メイドから大量レディ・メイドへの発展で、資本家にはもう個々の買主《かいぬし》の顔は見えず、市場だけが見えるようになった。

社会全体の再生産メカニズム

ここまで、一《いち》企業・一《いち》資本家の経済利害的視点で、「資本の循環」から「資本の回転」へと話を進めてきた。

「資本の回転」とは結局、再生産のメカニズムであり、さらにそれが社会全体でどのように動いているかを見なければならない。社会に存在する企業にはさまざまなタイプがあり、また多くの業種があるが、それらの個別性に気を取られるとややこしくなるので単純化すると、生産財を生産する第1部門と消費財を生産する第2部門に分けられる。

いっぽう、再生産については第1巻ですでに「単純再生産」と「拡大再生産」について説明済みである。ここで重要なことは、第1部門と第2部門の間にどのような関連があるかということである。

これには、どうしても概念式を使わざるを得ない。計算はきわめて簡単だが、概念を理解するには熟考が必要である。抽象的思考でよく考えていただきたい。まず、単純再生産から入ろう。

・単純再生産

企業でも、社会全体（第1部門＋第2部門）でも、商品の生産価値の構成は、不変資本（C）＋可変資本（V）＋剰余価値（M）＝建物・機械などの消耗分＋原料（C）＋賃金（V）＋資本家の利潤（M）で構成されることは、ここまで何回も述べた通りである。

単純再生産の場合、両部門の資本家は利潤＝剰余価値をすべて自己消費に回し、商品生産規模は毎回変えないという構図である。人は暮らしていくには消費財を買わなければならないが、生産財は不要である。両部門とも、労働者は受け取る賃金（V）が生活コスト以上ではないから、全額を消費財購入に回す。また、資本家も剰余価値（M）全額を消費に回すということになる。

これを数式で示すと、次のようになる。数値に関しては、私たちが入れている。

第1部門（生産財）：40億円（C）＋20億円（V）＋20億円（M）＝80億円

第2部門（消費財）：40億円（C）＋20億円（V）＋20億円（M）＝80億円

この考察において、『資本論』では次の3ポイントに絞《しぼ》り込んでいる。

①第1部門と第2部門間の転換：第1部門の20億円（V）＋20億円（M）はそのまま動かさないと生産財のままであるから、これら計40億円は第2部門の消費財40億円（C該当）に置き換わる。

②第2部門内の転換：第2部門の20億円（V）＋20億円（M）は第2部門内の自社商品ないし他社商品の購入に向かうから、そのまま置きっぱなしでよい。

③第1部門内の転換：第1部門の40億円（C）は再生産に備えるために、第1部門内の生産財購入に向かうから、そのまま置きっぱなしでよい。

このようにして2回転目、3回転目……と進むが、同じ構成・同じ規模の生産が繰り返されるのである。

・拡大再生産

拡大再生産の場合、両部門の資本家は利潤＝剰余価値の一部は消費に回すが、一部は再投資に回す。ただし、第1部門と第2部門それぞれのC、V、Mの対応関係は前述の単純再生産の場合と同じなので、ポイント①を想定していただこう。すると、第1部門のVとMの合計は第2部門のCよりも大きくなければ、第2部門を拡大するための生産財が足りなくなり、拡大再生産できないことになる。したがって、概念式は次のようになる。

第1部門（生産財）：40億円（C）＋10億円（V）＋10億円（M）

第2部門（消費財）：15億円（C）＋7・5億円（V）＋7・5億円（M）

ここでは、まず第1部門が10億円（M）のうち50％、つまり5億円（M）を再投資に回し、残りの5億円（M〔m〕）のみを消費するとしよう。この再投資される5億円（M）は、第1部門の資本の有機的構成にしたがい、4億円（M〔c〕）と1億円（M〔v〕）に分かれる。したがって第2部門の不変資本（c）部分に転換されるのは、10億円（V）と1億円（M〔v〕）と5億円（M〔m〕）の、合計16億円である。

それゆえ、第2部門の不変資本（c）は15億円から16億円に拡大しなければならない。そのためには、第2部門の剰余価値7・5億円（M）のうち、1億円を不変資本（c）に再投資（M〔c〕）する必要がある。第2部門の資本の有機的構成にしたがい、さらに0・5億円が可変資本に再投資（M〔v〕）される。以上をまとめると、次のようになる。

第1部門（生産財）：40億円（C）＋10億円（V）＋4億円（M〔c〕）＋1億円（M〔v〕）＋5億円（M〔m〕）
第2部門（消費財）：15億円（C）＋7・5億円（V）＋1億円（M〔c〕）＋0・5億円（M〔v〕）＋6億円（M〔m〕）

このような拡大再生産が1回転すると、次のような規模になる。

第1部門（生産財）：44億円（C）＋11億円（V）＋11億円（M）
第2部門（消費財）：16億円（C）＋8億円（V）＋8億円（M）

これを繰り返し、1回転目から3回転目まで計算していくと、次のようになる。

第1部門（生産財）

1回転	40億円（C）＋10億円（V）＋10億円（M）＝60億円
	40億円（C）＋10億円（V）＋5億円（M再）＋5億円（M消）＝60億円
2回転	44億円（C）＋11億円（V）＋11億円（M）＝66億円
	44億円（C）＋11億円（V）＋5・5億円（M再）＋5・5億円（M消）＝66億円
3回転	48・4億円（C）＋12・1億円（V）＋12・1億円（M）＝72・6億円
	48・4億円（C）＋12・1億円（V）＋6・05億円（M再）＋6・05億円（M消）＝72・6億円

第2部門（消費財）

1回転	15億円（C）＋7・5億円（V）＋7・5億円（M）＝30億円
	15億円（C）＋7・5億円（V）＋1・5億円（M再）＋6億円（M消）＝30億円
2回転	16億円（C）＋8億円（V）＋8億円（M）＝32億円
	16億円（C）＋8億円（V）＋2・4億円（M再）＋5・6億円（M消）＝32億円
3回転	17・6億円（C）＋8・8億円（V）＋8・8億円（M）＝35・2億円
	17・6億円（C）＋8・8億円（V）＋2・64億円（M再）＋6・16億円（M消）＝35・2億円

第1部門（生産財）＋第2部門（消費財）

1回転＝90億円　2回転＝98億円　3回転＝107・8億円

これを見ると、生産財部門と消費財部門はたがいに関連しながら、相並《あいなら》んで拡大していることがわかる。
現在は十九世紀当時より、はるかに多くの産業部門が複雑に連関している。マルクスはもっとも初歩的ながら、その産業連関表の基礎原理を追求したのである。

追加説明・ケネー→マルクス→レオンチェフ

マルクス以前の経済学者と言えば、フランソワ・ケネー、アダム・スミス、デヴィッド・リカードなどが著名であり、彼らからマルクスは大きな影響を受けている。ここで、経済学者の系譜を、その主要著書と共に見てみよう。なお、ワシリー・レオンチェフには、本節の最後で触れる。

フランソワ・ケネー（一六九四～一七七四年）『経済表』（初版一七五八年）
アダム・スミス（一七二三～一七九〇年）『国富論』（一七七六年）
デヴィッド・リカード（一七七二～一八二三年）『経済学および課税の原理』（一八一七年）

カール・マルクス（一八一八〜一八八三年）『資本論』（一八六七年）
ワシリー・レオンチェフ（一九〇六〜一九九九年）『産業連関分析』（一九六六年）

マルクスは『資本論』第2巻で「資本の回転」を論ずる際、スミスやリカードは特に不変資本・可変資本と固定資本・流動資本の概念や使い分けに混同があり、また生産したものが改めて投入されるという再生産の概念が不十分であったために、回転のサイクルや価値転換などについて誤謬《ごびゅう》が生じていることを指摘している。

そして、再生産のとらえ方については、この2人よりもフランス人のケネーを評価している。

前述の5人のなかで、ケネーが生きた時代はもっとも古い。彼は農業資本を考察しており、産業革命後の工業資本を考察したマルクスとは対象を異《こと》にしているが、社会的再生産を正しく定式化して、資本の回転を図表解説したケネーの「経済表」をマルクスは高く評価している。

同書に啓発されてできたのが、まさに、再生産のプロセスを示した前述（112〜117ページ）

の概念式であり、これを「再生産表式」と言う。「再生産表式」は、さらに延伸して、レオンチェフの「産業連関表」に影響を与えている。産業連関分析は今や、各国の経済政策ばかりでなく、日本の都道府県でも盛んに応用されている。

念のため、マルクスが影響を受けた「経済表」、マルクスに触発された「産業連関表」について、考察しておきたい。

・ケネーの「経済表」

十八世紀フランスの経済生産活動は圧倒的に農業主体であり、商工業はマイナーであった。農地は大地主の所有であり、農業生産者は彼らから借地をして、小作農民（労働者）を雇《やと》い、資本主義的農業経営を行なっていた。そして、当時のフランス社会を農業生産者、地主、商工業者の3階級に分けて、階級間の物や金の流れを単純・抽象化したのが、ケネーの「経済表」である。

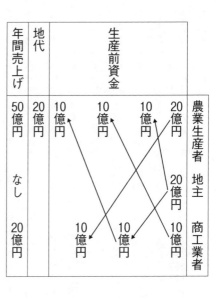

	農業生産者	地主	商工業者
生産前資金	20億円	20億円	10億円
	10億円		
			10億円
	10億円		
			10億円
	10億円		
地代	20億円		
年間売上げ	50億円	なし	20億円

3階級間における農産物、商工品の移動、反対給付となる資金の流れを時系列に整理して年間で合計しているが、地主は農業生産者から徴収した地代による農産物および商工品の消費者に徹《てっ》している。

マルクスは『資本論』を推敲《すいこう》中、大英博物館図書館で1世紀以上前に書かれたこの「経済表」を見て、『資本論』中の「再生産表式」を発想したのである。

・レオンチェフの「産業連関表」

レオンチェフはロシアに生まれ、レニングラード大学（現・サンクトペテルブルク大学）で哲学と経済学を学んだあと、25歳でアメリカに渡り、ハーバード大学で経済学の研究に入った。「『産業連関表』は、マルクスの再生産表式から着想を得た」とレオンチェフは述べているが、一九七三（昭和四十八）年、この「産業連関分析」開発の功績によって、ノーベル経済学賞を受賞した。

「産業連関表」とは、一定地域（国、県など）において一定期間に生産された物資やサービスの投入（インプット）と産出（アウトプット）の関係を表形式にしたものである。

出発点である元表は「取引基本表」であり、産業相互間や産業と最終需要（家計など）との間で取引された財・サービスの金額を碁盤目《ごばんめ》状に表示している。単純化すると、図表5のようになる。

図表5　産業連関表(例)

		中間需要		最終需要	生産額
		A産業	B産業		
中間投入	A産業	30	150	120	300
	B産業	60	250	190	500
粗付加価値		210	100		
生産額		300	500		

※単位：億円

この場合、A産業を縦から見ると、原材料などの中間投入としてA産業から30億円、B産業から60億円購入し、２１０億円の粗《あら》付加価値が加わって３００億円の生産が行なわれたことを示している。いっぽう、A産業を横から見ると、生産額３００億円のうち、中間需要としてA産業に30億円、B産業に１５０億円販売（産出）され、残る１２０億円が最終需要として販売されたことを示している。

なお、各部門で、縦の合計（投入額合計）と横の合計（産出額合計）が一致しなければならない。したがって、A産業の縦横合計は３００億円、B産業は５００億円になる。

この作業により、ある需要の発生・増減によって、どこでどのような生産波及効果が生じるかを計算して、見定めることができる。さらに、関連して価格変動の波及効果も見ることができる。

そのため、日本では政府だけでなく、都道府県単位でも、企業でも、「産業連関表」を使った予測が盛んに行なわれ、行政や企業指針に活用されている。ケネー「経済表」→マルクス「再生産表式」→レオンチェフ「産業連関表」という経済思想系列は、現代にも大きく貢献しているのである。

第3巻　資本主義的生産の総過程

第3巻の特徴

『資本論』第1巻はマルクス自身が書き上げたが、第2巻、第3巻はマルクスの遺稿をもとにエンゲルスが整理・補強して書いたものであることは前述した。

第1巻の執筆以後に草稿が書かれた第2巻は、全体的な草案が残されていたのに対して、第1巻以前に書かれた第3巻の草案はきわめて欠落の多いものであり、前半から後半に進むにつれて、欠落は増え、文章も素描的になり、さらには論脈を取りづらい余論が増え、エンゲルスは大変な苦労をしたらしい。

当時、マルクスは膨大な『資本論』の完成に努めるいっぽう、「国際労働者協会」の設立などの活動に忙殺されるようになり、健康状態も次第に蝕《むしば》まれていった。したがって、第3巻の紙数は多いが、エンゲルスの努力があっても十分論脈が整理されているとは言い難い。しかし、重要な内容は多く、私たちなりにできるだけ整理して、要約してみた。

剰余価値と利潤の関係

古今東西、企業は利潤を極大化しようと飽《あ》くなき追求を行なう。

ところが、現在の企業において、どうすれば利潤は増えるのか、どの部署が稼いだのか、どの部署・人員を整理すべきか、などの具体的論議はされても、利潤は本質的にどこから生まれるのか、という抽象的・哲学的論議はまったくされない。言い換えれば、一般的には利潤は組織立った企業全体から生まれていると認識され、資本家は資本全体の効率的運用から生まれていると思っている。労働者を搾取しているとは考えていない。

それに対して、第1巻、第2巻で繰り返し出てきたように、マルクスは労働価値説の立場に立ち、剰余価値は本質的に労働力の使用からしか生まれないと主張している。

このように、企業経営者の意識と『資本論』の理論がズレているのは、剰余価値が労働時間で測《はか》られていたのに対して、利潤は価格で測られるからである。だから、「利潤」「剰余価値」「利潤率」「剰余価値率」の関係は、次のようになる。

利潤：価格で測った利益
剰余価値：労働時間で測った利益
利潤率：利益／不変資本＋可変資本＝M／C＋V
剰余価値率：利益／可変資本＝M／V

このように、『資本論』では、剰余価値と利潤は、同じものを労働時間で測るか、価格で測るかの違いしかないと考えられている。したがって、次の三つが成り立つとされる。

総額として価格＝労働時間（価値）、かつ利潤＝剰余価値
剰余価値率が上がれば、利潤率も上がる
分母が大きいぶん、利潤率＜剰余価値率となる

ここまでの話は、資本が1回転する場合の概念式である。しかし、実際の資本は利潤の極大化を求めて、資本の回転を上げようと必死に努力する。剰余価値率を一定とすると（わかりやすいように100％とする）、1年間に資本が何回転するかによって、利潤率は正比例して増大する。これをわかりやすくすると、次のようになる。

※使用総資本：15億円（C）＋5億円（V）＝20億円

1年間	商品生産価値	利潤率
1回転	15億円（C）＋5億円（V）＋5億円（M）＝25億円	5／20＝25％
2回転	30億円（C）＋10億円（V）＋10億円（M）＝50億円	10／20＝50％
3回転	45億円（C）＋15億円（V）＋15億円（M）＝75億円	15／20＝75％
4回転	60億円（C）＋20億円（V）＋20億円（M）＝100億円	20／20＝100％

利潤率の差異と平均化

ここまで述べてきた論理から、企業の利潤を高める方策は次の3要素が挙げられる。

①剰余価値率を上げる
②資本の回転速度を上げる
③資本の有機的構成を上昇させる

これらは各企業に共通する方策であり、例外はない。

社会には鉄鋼業、自動車産業、化学工業、繊維産業、食品工業……など、さまざまな業種があり、これによって、企業も個人も円滑に行動、生活できている。そして、業種・業態――労働集約的な紡績業、設備集約的な重化学工業、中間の組み立て産業……によって、資本の有機的構成、つまり生産手段と労働力の価値の割合は、当然異なる。

すると、「労働価値説」の通りに、つまり商品にはその生産に費やされた労働時間に比例して価格がついているとして、利潤率を計算すると、資本の有機的構成の差異が、利潤

率の差異として反映されることになる。

第3巻では、次のように資本の有機的構成の異なる5業種を設定している。数字は極端な値を取っているが、あくまで一例にすぎない。計算上、剰余価値率は100%、すなわちV＝Mになっている。

※C＝機械などの摩耗部分＋原材料の消費分

部門	資本構成	剰余価値（率）	利潤（率）
1	60（C）＋40（V）＋40（M）	40（100%）	40（40%）
2	70（C）＋30（V）＋30（M）	30（100%）	30（30%）
3	80（C）＋20（V）＋20（M）	20（100%）	20（20%）
4	85（C）＋15（V）＋15（M）	15（100%）	15（15%）
5	95（C）＋5（V）＋5（M）	5（100%）	5（5%）

いっぽう、資本家は特定の業種にこだわるわけではない。より高い利潤率を求めて商品

生産をするので、利潤率の高い業種があれば他業種から参入があり、利潤率の低い業種があれば、そこから撤退が始まる。このように、業種間に利潤率の差があれば、資本の移動があり、長期的には利潤率は平均値に収斂《しゅうれん》するのは当然であろう。

この利潤率の均等化の結果を、マルクスは各業種の資本を平均することで求めている。すなわち、各業種の資本を足し合わせると、次のようになる。

5部門合計の資本構成＝390(C)＋110(V)＋110(M)

合計剰余価値＝110　合計利潤量＝110

平均剰余価値＝22　平均利潤率＝22％

110÷5＝22％が一般的利潤率として成立すると『資本論』は言う。

このように、リカード的な「労働価値説」だけでは説明できない、市場での競争の帰結としての利潤率の均等化について、マルクスはもう一段別の理論領域を設定することで、解決の糸口を与えた。第1巻での「労働力」概念の導入に加え、第3巻での「利潤率均等化の法則」の導入が、古典派価値論を超える『資本論』の意義をなしている。ただし、『資本論』の解決方法は完全なものとは言えない。

この時、すべての業種で平均された利潤22が得られるが、この平均利潤を乗せた生産物の価格は、「労働価値説」通りの価格にはならない。部門1で言えば、１４０が「労働価値説」通りの価格で、１２２が「利潤率均等化」後の価格である。そして、これらの生産物を、図表中のどこかの資本家および労働者が購入しているはずである。とすれば、「利潤率均等化」後の価格で、投入財Cや賃金部分Vを表示し、再計算しなければならないのではないか。

マルクス自身もそのことには気づいていたが、具体的には立ち入らなかった。この問題を解決するには、前掲の図表において、誰が何をどれだけの量購入しているか、明示しなければならない。第2巻の「再生産表式」に見られた、産業連関の発想が必要なのである。しかし、マルクスはそれを展開する前に、この世を去った。

その後、この問題はマルクス経済学批判の格好の的《まと》となり、以後、多くのマルクス経済学者が研究に取り組んできた。しかし、この解決策をめぐる論争は、現在に至るまで続いている。

利潤率の低下傾向

第1巻で述べた「資本の有機的構成の高度化」により、長期的には、商品の総価値＝不変資本（C）＋可変資本（V）＋剰余価値（M）のうち、不変資本（C）の相対的比率が上昇、可変資本（V）の相対的比率の低下は免《まぬか》れない。そして、剰余価値（M）は、労働力たる可変資本（V）からしか生まれない。可変資本（V）の相対比率が減れば、剰余価値（M）も減る。

したがって、利潤率＝M／（C＋V）も減るという理屈になる。もちろん、剰余価値率＝M／Vの比率が上がれば、そう言い切れない場合も出てくるし、不変資本（C）が増えるなかで技術革新的新型機械の導入にもつながって機械産業部門で商品生産が増加することもあり、経済界全体でどうなるかは漠然としている。

しかし、マルクスは、「全体的・長期的傾向としては、労働生産性の上昇により相対的に労働時間が減少すれば、それは価値の源泉が収縮していくことを意味し、一般的利潤率は低下していく」と述べている。

さて、「先進国での経済成長率鈍化」傾向は、誰もが知るところだろう。この傾向が、**「利潤率の低下傾向」**というマルクスの言った命題と関連するのではないかと、一部のマルクス経済学者は指摘し、経営者の一部も懸念している。

『資本論』は資本主義を批判し、社会主義革命を正面から煽《あお》るものではけっしてない。資本主義のメカニズムを分析し、どのように動いていくかを指南する研究書である。しかし、マルクスが『資本論』を通してもっとも言いたかったのは、この命題ではないかと指摘する人も少なくない。

商業利潤

物資を流通させて売買差額を稼《かせ》ぐ商人資本は昔からあったが、ここでの主題は、近代的資本主義以降、産業資本によって産出される剰余価値の分与を受ける商業資本である。ただし、現代では商業活動に不可欠な運輸および保管の機能はほとんど無視されている。

商業資本が受け取る、産業資本の剰余価値からの分与は、次の引き算で表わされる。

販売活動をしない前の産業資本〔７２０（Ｃ）＋１８０（Ｖ）＋１８０（Ｍ）＝９００＋１８０（Ｍ）＝１０８０〕−販売活動を行なう商業資本〔１００＋18（Ｍ）＝１１８〕＝販売後の産業資本〔８００＋１６２（Ｍ）＝９６２〕

マルクスは、商業資本の機能を「産業資本の必要悪」とまでは見下していないが、「産業資本の付着物」程度の見方をするきらいがある。十九世紀半ばの経済社会を見れば、産業革命による産業資本の隆々《りゅうりゅう》たる勃興に目が奪われ、以前より発達していた商業、倉庫業、運輸業の役割に目が向かなかったとしてもしかたない。

いっぽう、近代以前の商業資本に対しては、単に安く買って高く売る機能しか認めない傾向がある。ただし、少なくとも商人資本が結果的に果たした役割は十分認識していたようだ。

マルクスは、十六世紀以降の地理上の発見にともない、商人資本が封建時代から資本主義時代への移行に大きな衝撃と役割を果たしたことは正直に認めている。すなわち、世界市場の突然の拡大において、アジアやアメリカとの交易の開始、商品種類や量の拡大などである。これらは、ヨーロッパ各国の国家的行動（交易競争、植民地獲得競争など）にも結びつき、商人資本が躍動したからである。

国内では、商人資本が手工業者たちを自分の支配下に入れて原料の羊毛を買い与え、製品の毛織物を買い取って、自分で売るといった主導権を握っていった。毛織物の生産工程に技術的革新はなかったが、中世のギルド（同職組合的手工業）の体制を崩《くず》し、近代的工場生産に橋渡しをした役割を、マルクスは評価している。

利子と信用制度

マルクスは、利子で増殖する資本についても、商業利潤と同じように、産業資本の生み出す利潤の一部を、利子として取得する派生的資本と位置づけている。ただし、第2巻の「資本の回転」で言うように、産業資本の生産期間（労働期間＋遊休期間）＋流通期間という回転のなかで、資金繰り上《じょう》生じる遊休資本から、貸付に回すことも理論的には可能なはずである。

しかし、第3巻では、産業資本に貨幣を貸すことを専門とする資本家は、外部に想定されている。彼ら貨幣資本家と産業資本家との間の貨幣の貸し借りによって、貨幣が利子生み資本となることが論じられる。貸付は通常、貨幣の形態を取るので、何でも使える資本になるのである。これは、「資本が資本という商品を生産した」とも表現される。この時、利子は、生産で生み出された剰余価値を貸し手に分与する形態とされる。したがって、利子は利潤を超えることはないとしている。

ただし、産業での一般的利潤率を規定するような客観的要素は、利子率については認められないとも述べている。一般的利潤率が、すでに述べてきたように、M／（C＋V）という、生産の技術的条件で決定されるのに対し、利子率は借り手と貸し手の間の資金の需給関係によって、いくらでも変動するとされる。

マルクスは、このような金融的関係を実際の貨幣のやりとりではなく、借りた一定金額を一定期日に返す支払約束書、すなわち手形によって融通《ゆうずう》される信用制度として具体化している。手形を媒介した商業信用が、金融制度・金融機関・銀行券の出発点なのである。

貸し手＝貨幣資本家
↓（貨幣貸付）
借り手＝機能資本家

貸し手＝資本家の遊休資本
↓（信用貸付）
借り手＝資本家の必要資金

では、利子率は具体的にどのようにして決まるのか。

近代以前から、貨幣貸付には利子がともなう慣習はあったから、信用貸付でも利子が発生することは当然受け入れられただろう。その基本感覚は現代において、物を買う場合、現金払いのほうがローン払いより安いという経済感覚に通じる。そして、これは取引される商品の市況、借り手の信用力、信用期間の長短などが勘案されて、決められる。

このような商業信用の発達・普及・浸透によって、資本家同士で遊休資本を活用・節減し合うことができるようになると、信用は商品生産物の需給を調整し、資本の回転を促進し、利潤率を高める機能を果たす。

しかし、いくら信用貸付が浸透しても、資本家の現金支払いがなくなることはない。労賃や税金の支払いもあれば、自分の受取手形が満期になる前に、支払手形が満期となる時に、そのズレを現金でつなぐこともある。さらに、信用力が乏《とぼ》しい資本家は信用貸付が受けられず、現金が必要になる。

いずれにせよ、信用貸付および貨幣貸付が普及すると、それを束《たば》ねる専門業者が出現する。まずは資本家同士が個別に行なっていた商業信用の媒介者として、貸し手・借り手を集約し、その代表者として登場する。これが銀行であり、産業資本家たちの出納《すいとう》係として現われる。

銀行は、借入《かりいれ》利子より高い貸付利子を設定する。この差が、銀行の利潤の元《もと》となる。そして、この利鞘《りざや》から、銀行業務にともなう行員への賃金や諸資材のコストを引いたものが、銀行資本の利潤である。この銀行資本の利潤率も、産業資本や商業資本も含めた利潤率の均等化の競争に巻き込まれるのは、経済の原理である。

銀行ができると、必要となる貨幣は迅速《じんそく》に大量に流通しなければならないので、金《きん》や銀などの鋳貨は取り扱いに不便である。それに代わるものとして、銀行の発行する紙幣、すなわち銀行券が登場した。

イギリスではかつて、銀行券の発券はイングランド銀行だけに絞られていたわけではな

く、複数の銀行が発券できた。そのイングランド銀行も、最初は私立銀行だった。そのようなことから、紙幣の信頼性の裏づけが必要とされ、紙幣は金貨にいつでも交換できるという保証をしなければならなかった。いわゆる「兌換《だかん》券」である。これは先進国でも、二十世紀以降に金本位制から離脱するまで続いた。

鋳貨↓紙幣（金兌換券）↓紙幣（兌換性なし）

銀行が成長し安定すると、産業資本間で起きたように、銀行間で資金の貸し借り・融通が行なわれるようになり、ベースとなる利子率も決まった。この銀行間での利子率に、一定の利率が加算されたものが、一般向けの利子率である。

産業資本間の競争や収奪によって企業買収・合併などが起こり、企業規模が大きくなると、資金需要も大きくなる。短期的な運転資金やつなぎ資金ならば借入でまかなえるが、新たな工場の建設、新型機械の大量導入になると難しい。株式の登場である。

実際には、ドイツにおけるユニバーサル・バンキングのように、株式の募集にも銀行が介在することがあるが、銀行システムの安定性への懸念から、証券業務に銀行が従事できないよう、法的に規制されることもある。マルクスは「株式の利回りは、借入金利との関係を持つ」と指摘しているが、このあたりは現代のわれわれのほうが詳しいので、これ以上の説明は不要であろう。

また、景気のサイクルにしたがって、資金需給と利子率がどう動くかについて述べているので、図表にしてみよう。

景気サイクル	資金需給	利子率
好況期	潤沢	低位
好況末期	逼迫化	上昇
恐慌期	逼迫	高位
不況期	余剰化	低落

これも現代人には説明不要であるが、『資本論』でどこまで触れているかを示す経済学

史実として、掲載した。

地代

ここまで、近代に入った時点での経済行動の主体として、資本家（産業資本家＋商業資本家＋銀行資本家）と労働者が登場したが、『資本論』で最後に登場するのが土地所有者である。そして、資本家、労働者、土地所有者を**「近代社会の三大階級」**と称している。

近代以前、土地は農牧地として、大地主の下《もと》で自作農民あるいは農奴《のうど》によって耕作されてきた。そこへ、前述のような囲い込み運動によって農民は追い出され、大規模農場主が地主から借地して営む資本主義的農牧業に変わっていった。産業革命以降は、やはり地主から借地して行なわれる資本主義的工業が起こった。

第3巻では、彼ら借地資本家がどのようにして地主に地代を払い、それが経済のなかでどのような位置づけになるかに言及している。この考察は、土地の違いは地代にどう反映されるか、という分析から始まる。例を挙げよう。

土地	年間資金	生産（数量・金額）	利潤（数量・金額）	地代（数量・金額）
A	8億円	10トン・10億円	2トン・2億円	
B	8億円	20トン・20億円	12トン・12億円	10トン・10億円
C	8億円	30トン・30億円	22トン・22億円	20トン・20億円
D	8億円	40トン・40億円	32トン・32億円	30トン・30億円

豊度《ほうど》が異なる4種類（A、B、C、D）の土地があり、それぞれ農業経営者が借地して小麦を耕作する。年間の所要資金は皆《みな》8億円と同じだが、土地の豊度によって収穫（生産）数量——それは結局、売上金額となる——が大きく異なる時、どうなるか。ちなみに、地代は借地農業経営者（資本家）の利潤から支払われるものとする。

まず、資本家はもっとも豊度の高いDの土地を借りようとする。各資本家は、Dの地主のもとに殺到、われ先にDの土地を借りようと競争するだろう。この競争を勝ち抜くには、Dの地主に貨幣を支払うよりほかない。地主としても、もっとも高い金額を提示する資本家に貸そうとする。

DとDの次に豊度の高いCとの利潤の差、すなわち32−22＝10億円までなら、Dの地主に支払って借りる意義がある。それよりも高い地代を払うくらいなら、Cの土地を借りたほうがいい。こうして、Dの土地にまず10億円の地代が発生する。

生産物に需要が見込まれる限り、同様の競争がCとBの土地についても発生する。これが積み重なって、豊度の格差にもとづく地代が、各地主に支払われることになる。この理屈では、もっとも豊度の低いAの土地では、地代は発生しない。

このように、資本家の競争によって、利潤が地主へと押し出されるのが、**「差額地代」**の考え方である。農業生産においては、土地の豊度のほかに、収穫物の大市場である都会への輸送距離や農業労働者の集めやすさ、灌漑《かんがい》の難易度などの要素も含まれるだろうが、基本的な考え方は同じである。

近代になって紡績などの工業生産が始まり、借地資本家が出て来ると、ここでも土地の良《よ》し悪《あ》しによって差額地代が生じる。『資本論』で引用されているのは、落流の例である。十九世紀初頭の産業革命初期には、紡績工場の動力として、河川の急落流を水車に伝達する自然動力のほうが、蒸気機関よりも費用対効果が高かった事例がいくつか見られたのである。この場合も蒸気機関との比較、他の落流との比較で差額地代が発生する原理は、農業の場合と同じである。

差額地代の原理では、最劣等地であるAの土地には地代は発生しないが、Aの地主が「タダでは貸さない」と土地利用に制限をかければ、Aの土地にも地代が発生する可能性がある。このように、資本家側の競争ではなく、地主側の利用制限によって発生する地代が**「絶対地代」**である。

ただし、この絶対地代は、Aの土地で農業を経営する資本家が地代を払っても満足のいく利潤率を得られなければ、Aの土地を借りようとする資本家が出てこないので、発生し得ない。また、Aの土地が複数の地主によって所有され、地主たちが資本家に土地を貸そうと競争を繰り広げる場合にも、利用制限がかからず、やはり絶対地代は発生しない。

しかし、実際に十九世紀に起きたのは、地代の低落傾向であった。汽船や鉄道の発達によってアメリカやロシアから安価な農作物が流入したため、ヨーロッパの農業の一部は成り立たなくなり、農業経営が悪化。地代は軒並《のきな》み下がったのである。

差額地代：土地の生産性の格差にもとづき、借地資本家の競争によって発生する地代
絶対地代：土地に対する所有権にもとづき、地主が課《か》する利用制限によって発生する地代

以上、産業資本の生む利潤を中心としつつも、商業資本の利潤、銀行資本の利子、そして地主が得る地代と、さまざまな形態の利益が登場した。『資本論』では、これらはすべて基本的に、産業資本の生む利潤からの分与ととらえられている点が重要である。

産業資本以外の資本が『資本論』でどのように位置づけられているかを整理しよう。

資本種別	活動内容	利益	利益内容
産業資本	C＋V＋M	利潤	自分の剰余価値（M）
商業資本	C＋V	口銭	産業利潤からの分与（m）
銀行資本	C＋V	利子	産業利潤からの分与（m）
土地所有	なし（自然物所有）	地代	産業利潤からの分与（m）

このように、『資本論』では、産業資本以外の資本活動や土地所有は、いまだ産業資本活動の必要付随物といった位置づけである。

それは、マルクスの歴史観、経済観と十九世紀半ばの経済発達段階の複合作動によるところが大きいと思われる。

『資本論』の総括

本章の最後に、大著『資本論』を総括してみたい。

①論述の不連続性

何度も述べているように、第1巻はマルクスの自著、第2巻、第3巻はマルクスの遺稿をもとにエンゲルスが編集している。その遺稿も、後半になるほど読みにくい。したがって、エンゲルスも最大限の努力はしたであろうが、叙述や論脈にかなりの重複、不整合、不連続性が生じていることは否《いな》めない。

②マルクスとエンゲルスの役割分担

第1巻が経済原論的総論であるとすると、第2巻、第3巻は具体論であって、かなり実務的になっている。その点、工場経営者＝資本家としての経験を持つエンゲルスが、それらの経験がないマルクスの欠点を補強しており、結果的には、ちょうどよい役割分担になっているように思える。

ただし、エンゲルスの補強部分とて、バランスシート（貸借《たいしゃく》対照表）を読める現代の企業勤務経験者から見れば、かなり初歩的な領域であることが多い。

③概念式の重要性

『資本論』全巻を通して、概念式や概念図表が頻出する。これらは数理上は簡単だが、それらを支える概念は解釈が簡単ではなく、しばしば多義的で、マルクス経済学者の間でも論争を呼んでいる。

④等価交換の徹底

『資本論』の一貫しているテーゼは、近代の資本主義経済には合理性があり、どのような商品の交換にも「等価交換」が行なわれるということである。

だから、資本家が労働力を買う場合も「労働力の再生産コスト」を払っているから、労働市場における等価交換が成り立つと想定されている。労働力のもたらす剰余価値が乗った商品も、市場では等価交換で販売され、結論的には、あらゆる形態の利益をもたらす源泉である剰余価値は、資本主義経済のメカニズムが内在させる物神性によって隠蔽《いんぺい》されると主張している。

こうした『資本論』のテーゼをイメージしにくく、納得しない読者もおられると思う。しかし、その違和感を自分の頭で考え抜くスタイルこそ、マルクスが古典派経済学に向けた態度である。たとえば、もし「労働力商品だけは力関係で不等価交換される」というテーゼに置き換えると『資本論』は成り立たないか、それとも成り立つか、といった問題を考えることは最高の哲学的思索になるだろう。

⑤産業資本中心の分析視点

『資本論』は十九世紀半ばのイギリス経済を観察・分析したものであるから、どうしても時代的な制約を免《まぬか》れない。当時、イギリスの経済成長を牽引《けんいん》していたのは、機械制大工業による綿工業であり、その時の資本主義を解明するには産業資本が中心とならざるを得ない。しかし、現代の私たちからすると、産業資本に比べて商業資本や銀行資本への考察が足りないように思える。

同様に、流通、輸送、保管、財務といった産業資本内で現在は重視されているセクションも軽視されており、いわんや情報、観光などの分野は当然意識されていない。商業利潤、利子、地代もすべて産業利潤の分与であるという主張も、こうした産業資本中心の分析視点が影響しているように思える。

近代経済学からの、『資本論』への異論は多い。しかし、近代経済学は対立のための対立で生まれたものではけっしてない。マルクス経済学とは、経済への〝切り口〟が違うだけである。確かに、現代の経済的課題や実務には近代経済学のほうが、より具体的な処方箋を提供できる。しかし、経済の内奥のメカニズムを懸命に覗《のぞ》こうとした『資本論』のスタンスと思想は、現代にも確固として存在しているのである。この説明は第五章に譲《ゆず》ろう。

第三章

『資本論』受容とマルクシズム

マルクスの家族とエンゲルス。後列左からエンゲルス、マルクス。前列左から妻イェニー、四女エリノア、次女ラウラ

初版は1000部

マルクスとエンゲルスが一八四八年に『共産党宣言』をドイツ語で著わすと、英米仏などで次々と翻訳された。『資本論』第1巻は、一八六七年に最初にドイツ語版で世に出た。この時の印刷部数はたった1000部。しかも、それが売り切れるまで4年かかっているから、最初はいかに無視・冷遇されたかがわかる。

それでも一八八三年のマルクスの没後、その遺志を継いだ盟友エンゲルスによって、ドイツ語版の第2巻が一八八五年、第3巻が一八九四年に出版された。

ドイツ語版以外を見ると、一八七二年に第1巻のフランス語版が刊行され、1万部売れた。同年には、第1巻のロシア語版が3000部で刊行、1年間で完売した。ほどなく、ロシア語版の第2巻および第3巻が、ドイツ語版以外で先陣を切って刊行された。しかし、英語版の第1巻は、ドイツ語版に遅れること20年の一八八七年にようやく刊行され、その1冊を漱石がロンドンで購入したのである。

一九〇五年、ロシアの首都サンクト・ペテルブルクで、ロシア革命の予兆とも言える「血の日曜日事件」が起きたことも、各国の眼を『資本論』に向けさせるきっかけとなったことは否《いな》めない。

日本への上陸

日本で『資本論』やマルクスがはじめて紹介されたのは、一八八〇（明治十三）年。アメリカ人のラーネッドが教育者兼宣教師として来日、同志社英学校（現・同志社大学）で教えたのが嚆矢《こうし》とされる。しかし、いまだ啓蒙的で教養次元の伝授であり、むしろ批判的に説いていた。

その後、森山信規《もりやまのぶのり》、村井知至《むらいともよし》、福井準造《ふくいじゅんぞう》らが多少詳しく紹介し、二十世紀に入ってからは幸徳秋水《こうとくしゅうすい》や堺利彦《さかいとしひこ》らがかなり体系だって紹介することになった。ふたりの文章を紹介しよう。

社会の財富《ざいふ》や、けっして天より降下するに非《あら》ず。地より噴出するに非ず。一粒の米、一片の金《きん》といえども、すべてこれ人間労働の結果に非ざるはなし。それただ労働の結果なり。その結果や当然労働者すなわちこれが産出者の所有に帰《き》すべきの理《ことわり》に非ずや。……「一切《いつさい》の生産機関を地主《じぬし》資本家の手より奪って、これを社会人民の公有となす」者、換言すれば、地主資本家なる徒手遊食《としゆゆうしよく》の階級を廃滅するは、これ実に「近世社会主義」一名「科学的社会主義」の骨髄とするところに非ずや。……近世社会主義の祖師カルル・マルクスは、吾人《ごじん》［われら］のためによく人類社会の組織せらるる所以《ゆえん》の真相を道破《どうは》［はっきり言い切る］せり。……「剰余価格」の略奪は、資本を増加せしめてやまず。資本の増加はさらに器械の改良を促《うなが》してやまず。改良の器械は、再び転じて剰余価格略奪の武器となる。（幸徳秋水『社会主義神髄』一九〇三年）

経済学者は物が人間の欲望を満足する程度を名づけて使用価値と言い、一物《いちぶつ》が他物と交換し得べき能力の度を名づけて交換価値と言う。……しからば、効用ある物が交換市場において価格を評定せらるるは果たして何によりてしかるか。アダム・スミスおよびリカードは、物の価格あるはこれを得るがために人間の勤労を要するに因《よ》るとせり。したがって、その勤労の大《だい》なるものは価格大《だい》に、その少なき物は価格小《しよう》なりと言う。これを勤労説と称す。マルクスに至っては、さらに進んでいかなる勤労が価格を生ずるやを詳論せり。……その物に含まれたる人間の労働の分量が価格の大小を決定する標準なり。……単純なる抽象的の労働が価格を生ずると主張するは合理的見解なり。……一《いち》商品の価格を分析する時は左のごとし。

一、不変資本（原料、補助物品、保険料等）

二、可変資本（賃金）

三、剰余価格（無賃労働）

……マルクスは共産党宣言の劈頭《へきとう》に論じて曰《いわ》く「過去一切《いっさい》社会の歴史は、階級闘争の歴史なり……」と。……マルクスが「万国の労働者団結せよ」という一語をもってその共産党宣言の末尾を結べるは人のよく知るところなり。（堺利彦・森近運平『社会主義綱要』一九〇七年）

両者共に商品、貨幣、労働力商品、剰余価格（価値）、不変資本、可変資本など『資本論』に登場するキーワードの解説をしており、『資本論』の論旨をきちんと理解していることがうかがえる。

一九〇五（明治三十八）年に河上肇《かわかみはじめ》が読売新聞に「社会主義評論」を連載したが、当時の知識層はそもそも社会主義というものを知らず、関心もなかったようである。むしろ、待遇改善を叫ぶ労働者のほうが、すなわち学問ではない社会主義のほうが先行した。そのため、社会主義者はしばしば「ごろつき」の代名詞とされたり、「職工上がりの社会運動」と見られていた。

世界一の『資本論』受容国・日本

社会思想家・高畠素之《たかばたけもとゆき》が日本ではじめて『資本論』の全巻を翻訳、一九二〇（大正九）～一九二四（大正十三）年に刊行された。日本における『資本論』普及の幕開けである。その第1巻は10万部以上売れたというから、マルクシズムが怒濤《どとう》のように押し寄せたことになる。

その背景としては、何と言っても一九一七（大正六）～一九一八（大正七）年におけるロシア革命の成就《じょうじゅ》が大きい。

また、第一次世界大戦による好景気の反動として不景気が襲ってきたところに、一九二一三（大正十二）年の関東大震災が重なったことも無視できない。当時、高等学校、帝国大学、私立大学の校数と学生数が急増していたから、卒業しても就職できない学生たちが巷《ちまた》に溢れ出た。こうして、インテリ層にマルクシズムが蔓延《まんえん》する舞台背景ができあがった。

朝日新聞の国際記者・大庭柯公《おおばかこう》が一九一九（大正八）年、雑誌「太陽」八月号に「マルクスの名がともかくも我が読書界の中心題目になるに至った」と述べているのが象徴的であろう。河上肇が刊行した雑誌「社会問題研究」、高畠素之訳『資本論解説』（カール・カウツキー著）は飛ぶように売れ、社会主義やマルクシズムの解説を行なった雑誌「改造」「中央公論」は10万部以上に達した。東京帝大助教授・大森義太郎《おおもりよしたろう》が書いた『史的唯物論』も版を重ね、数万部に達した。

よく、マルクシズムの影響を世界でもっとも受けたのが日本と言われるが、確かに『資本論』の国別翻訳本数や販売部数でも日本は一番であり、マルクス・ボーイも日本が最多であることはまちがいない。

当時、学内でもっともできのよい学生は社会主義者、次がいまだ大正教養主義を引きずった連中、どん尻が反動ないしノンポリと区分けされたという。左傾学生が忌《い》み嫌ったのは、「酒を飲み、カフェに通い、ビリヤードやダンスに興《きょう》じる享楽型」「講義内容を無批判に覚え、よい成績で卒業しようとする社会順応型」であった。しかし、マルクシストのこのような禁欲・勤勉な人格主義的スタンスは、皮肉にも、彼らが馬鹿にした大正教養主義が基盤となって形成されたのである。

高畠訳に続き、『資本論』の邦訳が次々に登場するが、主なものを拾ってみよう。一九二七（昭和二）年には河上肇・宮川実《みやかわみのる》の共訳本（岩波文庫）、一九三七（昭和十二）年は日中戦争の勃発年であるが、長谷部文雄《はせべふみお》が第1巻を翻訳した。ちなみに、現在邦訳本としてもっとも普及しているのが、一九六九（昭和四十四）年刊行の向坂逸郎の訳本（岩波文庫）であろう。

昭和初期、『資本論』を単に経済学としてでなく、実践の教本と位置づけて、日本の現状はどうであるか、それに対して何をするべきかといった論争が、マルクス信奉者の間で起こった。いわゆる「日本資本主義論争」である。

「日本はいまだ絶対主義国家であるからまず民主主義革命、そして社会主義革命という二段革命論」を主張する講座派。対して「日本はもう近代資本主義国家であるから、即社会主義革命」を主張する労農派が対立した。

しかし、一九三六（昭和十一）年頃から、軍国主義の高まりと共に関係者が検挙され、左翼は壊滅状態となり、論争はいったん終息した。

いっぽう、知識階級から職工上がりまで含めた社会主義運動は大学の赤化《せきか》より早く、一八九〇年代後半から始まっているが、彼らの作る政党、労働組合、雑誌、新聞などの活動は欧米以上に厳しい規制を受けた。そして、一九一〇（明治四十三）年の大逆《たいぎゃく》事件を境《さかい》に社会主義への弾圧はさらに強まり、特に一九三一（昭和六）年の満州事変以後、彼らは地下に潜《もぐ》らざるを得なくなっていく。

戦後のマルクシズム

戦前、いったんフィーバーしたあと、政府に抑圧されて地下に潜ったマルクシズムは、戦後の民主化によって一気に表出する。それは政治、労働組合、学界の各領域で勢いよく立ち上がった。

まず政治の場では、婦人参政権が認められたわが国初の総選挙で、左翼政党が大きく票を伸ばした。日本社会党の片山哲《かたやまてつ》党首は、衆議院本会議において「新憲法は単なる民主主義ではなく社会主義を織り込むべき」と述べ、意気軒昂《いきけんこう》たるものがあった。

第九十回帝国議会・衆議院本会議　一九四六（昭和二十一）年六月二十一日
片山哲　政府は本議会の劈頭《へきとう》におきまして、新憲法制定を意味しまする憲法改正案を提出せられました。……民主主義政治確立のうえから申しましても支障ありと考えるので、［天皇］大権《たいけん》を相当制限しなければならないと考えておるのであります。……私は民主主義を達成しようと思えば、必然的に社会主義を同時に進行せしめなければならないと信ずるものであります。……政治的民主主義より……経済民主主義に移行いたしておるのであります。経済民主主義は社会主義の前提であります。……敗戦後の政治原理は、かくのごとくして民主主義の確立と、社会主義の断行と、平和主義の実現と、この三者を同時に併行して行なわしめることを要望致しておるのであります。

翌一九四七（昭和二十二）年には日本国憲法施行と再度の総選挙があり、日本社会党はついに第一党に躍り出て、わが国初の片山哲・左翼内閣が誕生した。しかし、ＧＨＱ（連合国軍最高司令官総司令部）の牽制《けんせい》もあって、政権はほどなく民主党に戻るが、日本社会党と日本共産党の躍進に、保守陣営は危機感を持った。

労働組合の団結と分裂

戦後に正式に存在を認められた労働組合も、元気よく飛び出した。先頭を切ったのは戦前からの日本労働組合総同盟（以下、総同盟。日本社会党系）で、松岡駒吉《まつおかこまきち》が中心となって準備がなされ、一九四六（昭和二十一）年八月に結成大会が開かれた。対抗馬と見られていた全日本産業別労働組合会議（以下、産別会議。日本共産党系）も同年に全国組織として結成された。

この総同盟と産別会議の両者は、競いながら全国に組織を広げた。一時、山川均《やまかわひとし》を中心に「人民戦線の即時結成」（日本社会党、日本共産党ほか、あらゆる民主的団体の結集）を提唱する呼びかけもあったが、主導権争いが優先して不調に終わった。

国民の不安と注目を集めた一九四七（昭和二十二）年二月一日に計画されていたゼネストは、GHQによって急遽《きゆうきよ》中止させられたが、この挫折によって新局面を迎える。労働運動家・高野実《たかのみのる》は労働組合運動の統一を早急に実現しなければならないと考え、総同盟でも産別会議でもない労組を結集、その勢力をテコに全労働組合の結集を呼びかけたのだ。

この呼びかけに、労農派や日本社会党左派（一九五〇年一月、左右に分裂）、無党派の人々がその動きを支持。一九五〇（昭和二十五）年七月、労働組合の総結集が実現して、日本労働組合総評議会（以下、総評）が結成され、武藤武雄《むとうたけお》が議長に就任した。

いっぽう、山川均、大内兵衛《おおうちひようえ》、向坂逸郎らを中心に、社会主義理論の研究集団として一九五一（昭和二十六）年に結成されたのが、社会主義協会である。同年、機関誌「社会主義」が創刊。総評本部の有力メンバーの多くが、社会主義協会の会員となった。

総評傘下《さんか》の労働組合は産業別に組織され、「とにかく腹いっぱいメシを食いたい」「生活を豊かに」などの要求を掲げて、毎年、春期闘争（春闘《しゆんとう》）に取り組み、経営者側との団体交渉に臨《のぞ》んだが、経営者側はしばしば「これ以上回答に上積みするには、新しい効率的な生産設備に切り替えするしかない」と回答した。これに同意すれば、労働者数が削減されるが、その結果として賃金引き上げも可能になるというジレンマである。

削減の対象になる労働者からは当然、「仲間を見殺しにして賃上げか！」という不満が出る。昭和二十年代の労働組合運動は、これがしばしば分裂の原因になった。

『資本論』を読んでいなかった共産党幹部

左翼政党を見ると、幹部はマルクス主義者といっても、『資本論』の原典にあたって勉強をする人は少なかった。日本社会党も日本共産党も、学生時代に一読した人はいただろうが、政党の仕事とは切り離されていたようである。

日本社会主義青年同盟の委員長や社会主義協会の代表代行を務めた山崎が見た限りでは、『資本論』の内容を生かしたのは、政党ではなく総評本部だった。彼らは労働現場を見て、『資本論』に言う「搾取」を実感していたからである。

「左派社会党の党学校に」という趣旨で鈴木茂三郎《すずきもさぶろう》が作った「労働大学」には日本社会党

員も来たが、主に労働組合の学校として活用された。大学といっても短期の講習会であったが、その講義のなかでは、「賃金は労働力の再生産費である」「家族を含めて人間らしい生活ができる賃金を」という主張が、マルクシズムにもとづいて説かれていた。

それは向坂逸郎の九州大学での教え子たちが、日本社会党や総評に書記として雇用されて本部にいて、『資本論』の論理を「大幅賃上げ要求の根拠」に生かしたからである。その主張は当時の高度経済成長とうまくマッチして、多くの労働者に支持された。そして、武藤以降の歴代の議長もその路線を継承した。だから、その頃の労働組合の方針書には、「労働力の再生産費」という言葉がよく使われていた。

いっぽう、社会主義国家であったソ連、東欧、中国においては、驚くなかれ、『資本論』はほとんど読まれていなかったようである。

山﨑は一九七〇年代にソ連を、一九八〇年代に東ドイツ（ドイツ民主共和国）を何度か訪問している。モスクワで、ソ連共産党中央委員会国際局の幹部たちとの会食の席でのことだ。ウォッカで乾杯、キャビアを食べながら、当然『資本論』を読んでいるだろうと軽い確認のつもりで聞いたところ、全員がほとんど読んでいなかった。彼らは大学ではドイツ観念哲学を学び、入党後は実務に追われて、『資本論』まで手が回らなかったらしい。

その後、山﨑はソ連が崩壊した一九九〇年代に中国を訪れ、中国社会科学院のメンバーと会った際に同じ質問をしたところ、やはり『資本論』は読んでいなかった。コミンテルン（共産主義インターナショナル）によって組織された各国の共産党では、マルクス主義理論は唯物弁証法と考えられていたのである。

ソ連が崩壊し、東西ドイツが統一されてから、まともな解説書である『『資本論』の新しい読み方――21世紀のマルクス入門』が出版されたが、著者ミヒャエル・ハインリッヒは西ドイツ（ドイツ連邦共和国）側の人だった。

大学はマルクシズムの天下

戦後、学界でもマルクス経済学は大きく躍り出る。経済学者の間でよく論議され、学生に対して大いに講義され、学生間でもマルクスや『資本論』は中心的な話題となった。戦前、大正教養主義の下《もと》で根づいたものとは趣《おもむき》を異《こと》にしたが、大っぴらな「マルクス主義の天下」が旧帝国大学を中心に浸透した。

小島が東京大学（以下、東大）文科一類に入学したのは一九六〇（昭和三十五）年四月、第一次安保闘争期の真只中《まっただなか》であった。クラスメイトから「『資本論』はもう読んだかい」と聞かれたので、正直に「まだ読んでいないよ」と答えると、「それは困るな。早速読むか、それができなければ講読会をやってあげるよ」と言われた。

逡巡《しゅんじゅん》していると、「ともかく安保闘争のデモに参加しよう」と強く誘われた。しかし、安保の是非《ぜひ》など勉強しなければわからないと思ったので、デモに参加しなかったが、それはクラスのなかで1、2人の例外であり、肩身《かたみ》が狭かった。

それから半世紀以上が経《た》った最近のクラス会で、小島が件《くだん》の級友に「君は『資本論』を読んだと言ったが、中身を理解できていたのかい」と逆襲したら、「あんな難しいもの、そう簡単にわかるわけないだろ」と涼《すず》しい顔をしている。彼らは、学生時代に『資本論』にすこし触れただけでわかったつもりになり、「左」ぶっていたが、官庁や企業で順調に活躍してきた結果、かなり「右」になっていた。

私は、級友を非難するつもりは毛頭《もうとう》ない。ただ、日本において、『資本論』はそのような「熱病」的であったことをお伝えしたかっただけである。

このような熱気を帯びて、学生が主導した一九六〇（昭和三十五）年の第一次安保闘争、一九七〇（昭和四十五）年の第二次安保闘争も結局、竜頭蛇尾《りゅうとうだび》に終わった。その間、一橋大学や慶應義塾大学などで戦前から根づいていた近代経済学が、次第に勢力を伸ばしていった。

ましてや高度経済成長期に入ると、近代経済学の存在感が大きくなり、マルクス経済学の存在感は次第に低下、特に一九九一（平成三）年のソ連の崩壊によって大きな打撃を受けた。

マルクス経済学vs.近代経済学

経済学があろうがなかろうが、人間の経済活動は昔から存在し、支障なく行なわれてきた。現に、高橋是清《たかはしこれきよ》は経済学を学ばずして、歴代屈指の大蔵大臣と高く評価されている。

近代以降、医学、工学、法学は国家発展のニーズから学問として確立されたが、経済の学問化はずっと遅れて、大学で独立した経済学部ができたのは、十九世紀後半から二十世紀にかけてである。

イギリスでは二十世紀初頭、ドイツでは第二次世界大戦後のことだ。ちなみに、マルクスがベルリン大学法学部、ジョン・メイナード・ケインズがケンブリッジ大学数学科出身であるのも、当時両大学に経済学部がなかったからである。

こうして、遅れて創設された各国の経済学部で、アダム・スミスの『国富論』（一七七六年）やリカードの『経済学および課税の原理』（一八一七年）まで遡《さかのぼ》って経済を研究した結果、現在、経済理論としてはおおよそ図表6のような流れに分かれ、それぞれの経済理論と政治的方向との対応関係ができている。

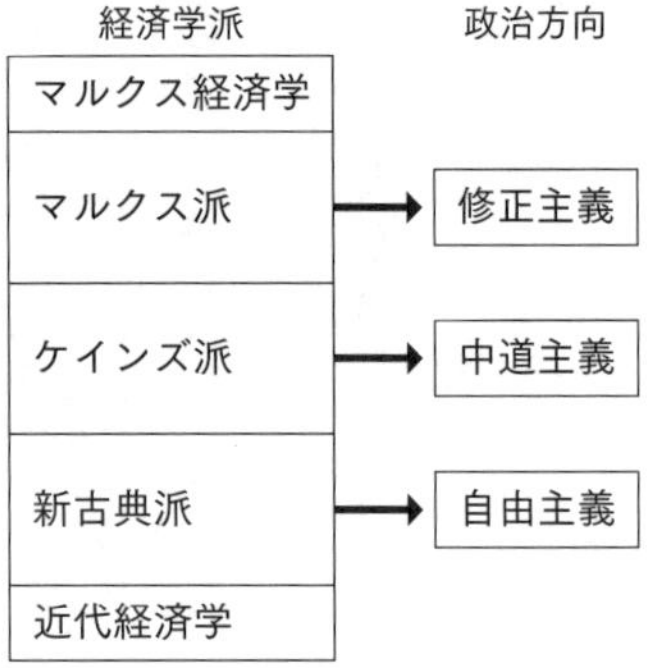

そのなかで、『資本論』が主張するマルクス経済学（マル経）はどのような位置づけをされているかを見てみよう。

まず、経済学の先進国であるイギリス、ドイツ、オーストリア、アメリカなどを中心に世界的に見れば、マルクス経済学が強い中心的勢力を持ったことは一度もなく、現在でもワンオブゼムとして取り扱われてい

図表6　主要経済学派と政治方向

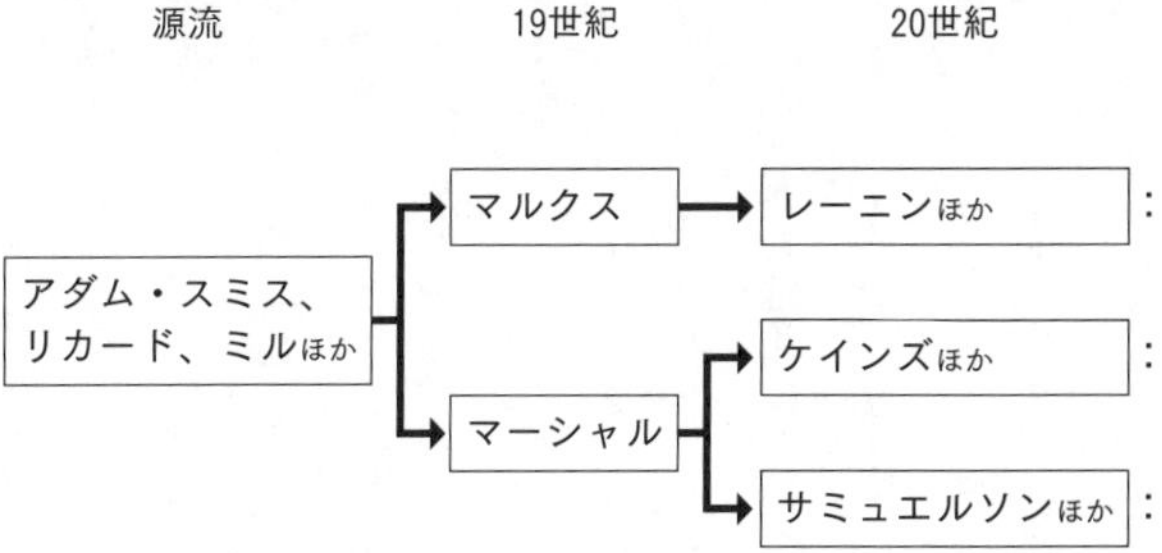

る。対して日本では、マルクス経済学はかつて大きな影響力を持ち、今も勢力は薄れたとはいえ、その影響力は小さくない。

日本の経済学の歴史を繙《ひもと》くと、一八九〇（明治二十三）年に慶應義塾（現・慶應義塾大学。以下、慶應大）に理財科ができたのが嚆矢《こうし》であり、ハーバード大学から教授を招くなど、経済学に注力した。一九〇〇（明治三十三）年頃より、高等商業学校（現・一橋大学。以下、一橋大）でも経済の講義が始まったが、東京帝大と京都帝大で経済学部が法学部から独立したのは、一九一九（大正八）年のことであった。

慶應大の日本人教授陣は堀切善兵衛《ほりきりぜんべえ》から始まって高《たか》橋《はし》誠一郎《せいいちろう》、気賀勘重《きがかんじゅう》、小泉信三《こいずみしんぞう》らは古典派・新古典派を尊重し、最初からアンチ・マルクス気風が強かった。そして戦後は近代経済学（近経）の学風が強まっていった。

一橋大でも高等商業学校、東京高等商業学校、東京商科大学時代から、近代経済学が優勢で進んできた。一橋経済学の祖と称せられる福田徳三《ふくだとくぞう》は見識が広く、マルクス重視ではなかったし、戦前は左右田喜一郎《そうだきいちろう》、上田貞次郎《うえだていじろう》、三浦新七《みうらしんしち》が続くが、ここでもアンチ・マルクス色を強めていく。戦後は杉本栄一《すぎもとえいいち》、中山伊知郎《なかやまいちろう》、山田雄三《やまだゆうぞう》らはシュンペーターやケインズの学説を紹介し、日本における近代経済学や数理経済学の牙城《がじょう》としての自負を持っている。

これに対して、帝大系は大いに様相《ようそう》が異なる。東京帝大では、森戸辰男《もりとたつお》、舞出長五郎《まいでちょうごろう》、大内兵衛、矢内原忠雄《やないはらただお》、山田盛太郎《やまだもりたろう》、鈴木鴻一郎《すずきこういちろう》、宇野弘蔵《うのこうぞう》、岡崎次郎《おかざきじろう》らマルクス経済学系が、戦前から戦後にかけて圧倒的に支配的であった。ただし、マル経一色ではなく、東《とう》畑精一《ばたせいいち》、木村健康《きむらたけやす》、安井琢磨《やすいたくま》、大石泰彦《おおいしやすひこ》、館龍一郎《たちりゅういちろう》、根岸隆《ねぎしたかし》、小宮隆太郎《こみやりゅうたろう》ら非マルクス派の系譜によって、近代経済学が次第に勢力を得ていった。彼ら自身も「近代経済学については、以前は京大、一橋、慶應に比べてやや遅れていたかもしれない。一橋なら中山さんがおられたし、京都は高田さんというリーダーがいた」と認めている。

京都帝大では戦前、『貧乏物語』を書いたマル経学者の河上肇の講義は人気を博《はく》したが、当局から睨《にら》まれて辞職に追い込まれた。高田保馬《たかたやすま》や青山秀夫《あおやまひでお》らの非マルクス派も存在感はあったが、戦後も東大と同様にマルクス経済学の牙城であった。

なお東大、京大からは地方大学や私立大学に教授陣が多数赴任するため、そのような大学ではマルクス経済学の色に染まっていった傾向もある。

ところが、戦後、経済学をめぐって大きな環境変化が起こる。大蔵省（現・財務省）、通商産業省（現・経済産業省）、経済企画庁（現・内閣府）などの官庁では、アメリカの影響もあり、国民所得や経済成長率計算などマクロ経済学が実務として必要になってきた。これによって、経済学が書斎の学問から現場の実学へ変容しなければならなくなったのである。

官僚の中心は東大、京大出身者である。この傾向とニーズは自校の経済学部にフィードバックされ、近代経済学の浸透に拍車がかかる。現に、大蔵省ＯＢからは、そのような働きかけをされたケースを仄聞《そくぶん》する。

今では東大、京大、一橋大、慶應大などの経済学部を比べると、おたがいに近代経済学を主体として類似してきている。さらに、一九九一（平成三）年のソ連の崩壊はマルクス経済学の魅力と人気を奪い、退潮に追い込んだ。現在、マルクス経済学の客観的研究者はいるが、思想的・教条的に傾倒する学者はほとんどいない。

東大でも一九九〇年代を最後として、経済原論の講座からマルクス経済学が姿を消しているが、それでも経済学史として研究対象となったり、レギュラシオン（一九七〇年代にフランスで興《おこ》った経済理論）のように、マルクス経済学を数理的モデルで組み立て、手直ししたりして、現実分析に向かう方向が残されている。

『資本論』への批判① マルクス経済学者から

「『資本論』第1巻と第3巻の矛盾」という言葉がよく使われる。

この点は、マル経学者も気になるらしく、バラノフスキーやスウィージーは「マルクスが資本の有機的構成が高度化する時に剰余価値率が不変であると仮定することは、彼自身の理論体系から言っても、正しくない。もし、資本の有機的構成と剰余価値率とが共に変化すると仮定すれば、利潤率は必ずしも低下せず、変動する方向は不確定になる」と指摘している。数理的には、まったくその通りである。

また、第3巻ではフローとストックの概念の混同があることも、マルクス経済学者たちは十分認識している。ただし、彼らはマルクスの説く概念と基礎理論は確実に信奉している。その点が、マルクス経済学の枠外からされる批判とは基本的にスタンスを異《こと》にしている。

『資本論』への批判② ケインズから

『資本論』に対する別な土俵からの挑戦の象徴が、一九三五（昭和十）年に出版されたケインズの『一般理論』から始まる近代経済学の流派である。その時、ケインズは友人バーナード・ショーへの手紙のなかで次のように述べている。

> 私が、世界の人たちの経済問題に対する考え方を――おそらくただちにではなく、今後十年間のうちに――大きく革命するであろう経済理論に関する一書を書いていると自分で信じている……私の新しい理論が政治や感情や熱情としかるべく同化され混ぜ

合わされた場合、……大きな変化が起こるでしょう。とくに、マルキシズムのリカード的基礎は打ちこわされるでしょう。……私自身の心のなかではそれを確信しているのです。（ケインズの一九三五年一月一日付け書簡）

マルクスの『資本論』がドイツ観念哲学をベースとして抽象的で演繹《えんえき》的に作られたモデルであるのに対して、ケインズの『一般理論』は英米流プラグマティズムにもとづいて具体的で帰納《きのう》的に作られたモデルである。

ケインズは、マルクスが引き継いだリカードの労働価値説まで遡《さかのぼ》って批判している。実際の労働を見ると、単純労働から頭脳労働まであるし、資本家の才覚にも大きな差がある。それを平均的・抽象的とはいえ、労働時間から労働価値や剰余価値を推《お》し量《はか》ることに、ケインズは納得しなかった。

しかし、リカードが生きた時代（十八世紀後半から十九世紀初頭）は産業革命の勃興期で、ケインズよりも1世紀以上古い。当時は、まだイギリスの経験哲学やプラグマティズムは完成していなかった。彼がマルクス同様、ドイツ観念哲学の立場に立ったのは自然だろう。そして、リカードの労働価値説を受け継ぎ、等価交換、剰余価値、利潤率と説いたマルクスも、ケインズからは同じ俎上《そじょう》に載《の》せられてしまうのである。

『資本論』への批判③ 小泉信三《こいずみしんぞう》から

小泉信三の『共産主義批判の常識』が刊行されたのは、一九四九（昭和二十四）年。戦後の混乱期であり、日本共産党が公然と活動を始め、国会で30以上の議席を獲得していた頃である。また、赤旗を掲げた組合指導者たちが、使用者・経営者を取り巻いて威嚇《いかく》していた頃である。当時、既存の保守政党は総じて自信をなくしていた。

これに危機感を抱いた小泉は、マルクス批判を次のように始めている。

『資本論』の叙述は、必要以上に迂曲《うきょく》と抽象を弄《ろう》する嫌いがあって、読者は時に衒学《げんがく》的なるその特殊の論法と術語との前に脅《おびや》かされ、往々《おうおう》にして独り相撲《ひとずもう》に類する解釈をすることがある。……結局、資本主義が進めば、雇《やと》われ得ない過剰の労働者と、売れない過剰の商品とが必ず造《つく》り出され、この窮厄《きゅうやく》と混乱とが資本主義を亡《ほろ》ぼすというに帰するであろう。(小泉信三『共産主義批判の常識』)

そして、小泉は実践論として、労働者の賃金が「等価交換になっている」などと澄《す》ましていないで「会社側が儲《もう》けているのは労働力が不等価交換されているからだ。『剰余価値を減らして賃金引き上げを』となぜ要求しないのか」と問題提起し、櫛田民蔵《くしだたみぞう》との間で論争になった。

『資本論』の疑問点

マルクスの『資本論』は十九世紀中頃のイギリスにおける産業を被写体として、そこから抽象的な推敲《すいこう》を加えて書かれている。いっぽう、ケインズや小泉らは二十世紀中頃まで生きて、産業の高度化や複雑化を目の当《ま》たり《あ》にしており、そこで経験的・帰納的に出て来る観察から、『資本論』に対して批判が出ることに不思議はない。

われわれの知識はケインズや小泉におよばないが、彼らが知らない経済経験と情報を持っている。そこから、われわれ現代人が抱く『資本論』への疑問点を類推・整理すると、次のようになるのではないか。

①第1巻「商品の一貫した等価交換という概念」。小泉が言うように、「労働力という商品も等価交換されている」と固執する必要があるのか。「労働力だけは力関係で不等価交換になっている」と言うと、『資本論』の全体系が成り立たないのだろうか。そうは思えないのだが……。

②第1巻「労働からしか剰余価値が生まれない」。われわれの経験では、剰余価値は新技術、新型機械、そこから生まれる新商品、すなわち技術革新こそ、大いに剰余価値が生まれると思える。したがって、機械も資本家の才覚も大きな源泉ではないか。

③第2巻「剰余価値は生産部門からしか生まれない」。われわれの実感では、剰余価値は流通部門、物流部門、サービス部門、観光部門からも十分生まれていると思える。たとえば、以前は都会では買えなかった高級魚の刺身が冷凍輸送と量販体制によって、今では容易に手頃な価格で手に入る。この場合、漁港での魚の価格より、冷凍輸送や量販体制のほうが大きな付加価値を生んでいるのではないか。また、最近の大型

製造業すなわち大工場内では原料、半製品、製品の物流や保管のコストや合理化が至上命題になっているが、これは純粋な生産部門ではない。しかし、これらの部門の機能によっても、明らかに剰余価値を生んでいるように見える。

④第3巻「利潤率の低下傾向」。すでに指摘されているように、資本の有機的構成と剰余価値率の変動次第では、単なる純粋な数理として、一概に利潤率の低下傾向は言い切れない。剰余価値率は、産業部門によっても、時代によっても柔軟に変動するように見える。

このように、二十一世紀の世界まで知っているわれわれが、『資本論』に対して経験的、断片的に疑問点を挙げることはそれほど難しいことではない。しかし、それでは『資本論』に反論するために、別の壮大な理論体系を作れと言われたら、実に難事であり、誰も行なっていない。そもそも、複雑で流動的な経済の実態を一貫した大きな学問的体系で律するという企《くわだ》て自体が無理なのかもしれないが……。

第四章

漱石と社会主義

左からアダム・スミス（1723〜1790年）、
デヴィッド・リカード（1772〜1823年）、
ジョン・メイナード・ケインズ（1883〜1946年）

『資本論』が難解である理由

マルクス経済学の学者でさえ、「最初に読んだ時はよく理解できなかった」と告白している『資本論』。ドイツでも、「最初のページで前歯を折る」と言われていた。「難解」との評が広まると「俺が征服してやる！」と勢い込んで読み始め、挫折した人が多かったのだ。

『資本論』の1行1行を読み込むと、特別難解な文章には見えないが、全体を通してマルクスが何を語っているかは、丹念に読まないとわからない。そこには「明晰《めいせき》な頭脳」よりも、緊張を持続して読み続ける「根気」が求められる。

最初の関門は『資本論』がとにかく長いことだ。実際にどれくらい長いか、古今東西の大著と比べてみよう。図表7は文庫で何冊に分かれているか、総ページ数はどれくらいかを比較したものである（単行本しかないもの

計測対象	分冊数	ページ数
岩波文庫(訳/向坂逸郎)	9冊	3550
岩波文庫(訳/水田洋)	4冊	1832
岩波文庫(訳/大塚久雄)	1冊	412
岩波文庫(訳/岡崎次郎)	2冊	830
岩波文庫(訳/篠田英雄)	3冊	971
岩波文庫(訳/井筒俊彦)	3冊	1135
岩波文庫	2冊	875
単行本を文庫換算		757
講談社学術文庫	1冊	518

図表7　大著の分量比較

著者	書籍
マルクス	『資本論』
アダム・スミス	『国富論』
マックス・ヴェーバー	『プロテスタンティズムの倫理と資本主義の精神』
ヒルファディング	『金融資本論』
カント	『純粋理性批判』
	『コーラン』
夏目漱石	『文学論』
北一輝	『国体論及び純正社会主義』
西田幾多郎	『善の研究』

は文庫で換算)。これを見ると、『国富論』が『資本論』の半分、『コーラン』が3分の1に迫っているが、それ以外は、はるかに短い。

また、前述のように、抽象的な仮説部分はくどいくらい懇切《こんせつ》に述べられ、具体的な実証部分は十八世紀や十九世紀のイギリスの史実が数多《あまた》並べられているので、現代人にはなかなかピンと来ない。

さらに、マルクス自身が書いたのは第1巻だけで、第2巻、第3巻はマルクスの遺稿やメモを下敷きに、マルクスの性癖や言動を想い出しつつ、エンゲルスが整理・出版したものである。したがって、これら3冊の間には、内容も言葉も不連続性がかなり散見される。特に第1巻と第3巻の間には、本来不必要な同じ言葉や説明の繰《く》り返しが点在し、よけいに読みづらくしているのだ。

なぜ漱石は理解できなかったのか

このような『資本論』は、欧米人にとっても難解であったが、日本人にはきわめて難解であり、漱石ですらそうであった。それはなぜか——を分析してみたい。

この問題はきわめて重要であり、本書における一つの焦点であると考える。したがって、あえてやや長めに説明させていただきたい。まず平均的な日本人と欧米人の思考回路の分析、そして天才である漱石とマルクスの戦力分析に移っていく。

第一章において、人間の思考力のタイプとして「理系vs.文系」を対比したが、人間の資質・性癖を判断するのにこれだけでは足りず、もう一つ「抽象vs.具体」という対比も必要であると私たちは強く認識したのである。この二つの基準をそれぞれX軸・Y軸とした正方形上に比較対象物をプロットするとわかりやすい（図表8）。

日本人と欧米人を比べると、相対的に日本人の思考回路は具体的（帰納的）であるのに対して、欧米人は抽象的（演繹的）である。この違いは、農耕社会・日本と狩猟社会・欧米の差異が出発点のようである。

欧米の狩猟社会は獲物を得るため、基本的に移動社会であり、気候や季節によってどこ

図表8　日本人と欧米人、漱石とマルクス

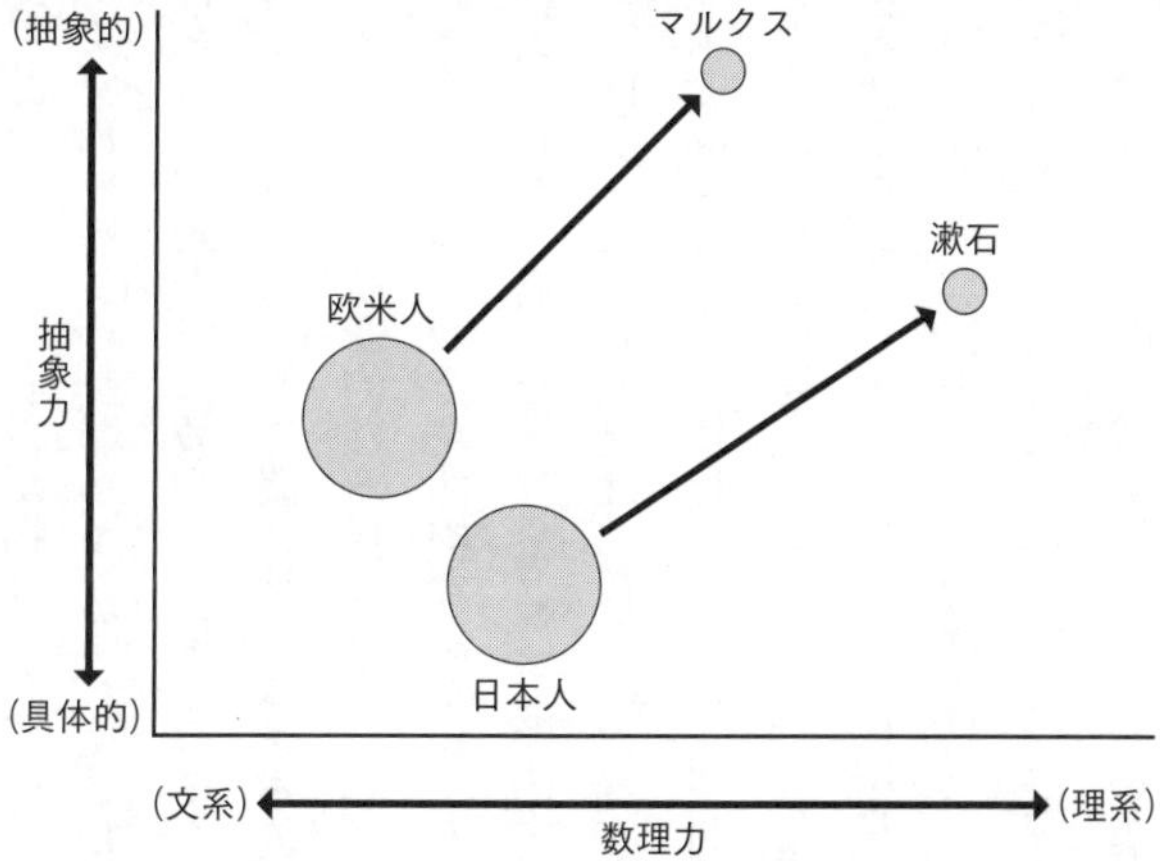

に移動するか、どのようにして獲物を捕獲するか、など日常的に死活問題が多く、それには深刻な論議が必要となる。各自が意見を堂々と述べ、相手の言う論脈も正しく把握しなければならない。

それには、ただ「ああだった、こうだった」と固有名詞と具体的事象を並べるだけでは、とても通用しない。物事を抽象的に見て「ああだから、こうなるのだ」という論脈が不可欠となる。だから、古代ギリシアやローマ時代から、「Debate（ディベート）」と言われる、対立する意見の論議手段があった。先般のアメリカ大統領選挙でも、トランプ候補とクリントン候補の討論の際に大きく

「DEBATE」という看板が掲げられていた。

ディベートとは、広義では討論一般であるが、狭義では説得力を競い合う競技会を指す場合もあり、欧米では教育の一環として、これが組み込まれている。

対して、日本のような農耕社会は基本的に定着社会で、収穫も年ごとに大きく変動しない。そこでは、革新的な意見よりも、「和をもって貴《とうと》しとなす」調和させる能力が求められる。それは経験的で具体的な話が穏やかにされる〝丸い〟社会で、抽象力を駆使して理論武装される〝尖《とが》った〟社会とは対照的である。

この日本と欧米の差異は、各々の教育事情によって加速された感が強い。

欧米では高等教育を授ける大学が十三世紀頃から創立され、そこでの授業はリベラル・アーツ（Liberal Arts）が中心だった。それは、ローマ時代に技術（Artes）が機械的技術（Artes Mechanicae＝実用的技術）と自由な技術（Artes Liberales＝教養人の学問）に区別されていたなかで、後者にその源流を持つ。科目は三学（文法、修辞学、論理学）と四科（算術、幾何、天文、音楽）の七科目から構成され、その頂点に哲学が置かれた。

いっぽう、文明開化、富国強兵、殖産興業に邁進《まいしん》しようとした明治・日本の大学では、医学、工学、法学といった実学に焦点が当てられ、その傍《かたわ》らに文学が置かれた。その文学部での科目もリベラル・アーツからはほど遠く、哲学は重視されず、片隅《かたすみ》に置かれた。

最近、日本でも、リベラル・アーツを見直そうと、これを採り入れる大学が増えているが、哲学を頂点にした深い内容ではなく、教養次元に過ぎないように思える。日本でリベラル・アーツ的教育が唯一施《ほどこ》されたのは時代では戦前、場所は旧制高校であった。

数理力に関しては、日本人は欧米人にやや勝《まさ》っているようである。欧米を旅行した際、「商店でのお釣りの計算は日本人のほうが速い」と、よく耳にする。また、15歳児を対象にした「ＯＥＣＤ生徒の学習到達度調査」において、日本は「数学的リテラシー」「科学的リテラシー」の成績は良好だが、「読解力」はやや不満の残る結果になっている。すなわち、数理力はよいが、抽象力は劣《おと》っているということになる。

ここまで、一般的な日本人と欧米人の思考回路の対比をしてきたが、日本人・漱石と欧米人・マルクスとの対比にも、これは基本的に当てはまりそうである。もちろん、両天才は一般人に比べて数理力も抽象力もずっと上であるが、漱石はマルクスより数理的であり、マルクスは漱石より哲学的（ドイツ観念哲学的）であった。

哲学vs.数学

背景としての思考回路の説明はこれで終わり、『資本論』に戻らなければならない。

前述のように、『資本論』は抽象理論で書かれた仮説部分と具体的史実を取り出した実証部分によって構成されている。その双方に、マルクスの手を替え品を替えた言葉が「これでもか、これでもか」と、押し寄せて来る。冗長とまでは言わないが、もうすこし要領よく説明できることも多い。二十一世紀に生き、バランスシートの読み方もわかっているわれわれには、一部不必要な説明もあり、きわめてしつこく、くどいのである。

抽象的な仮説部分における「商品」「使用価値」「交換価値」「等価交換」「絶対的剰余価値」「相対的剰余価値」「資本の有機的構成」「利潤率」といったキーワードは、マルクスの造語が多く、読者は抽象力を駆使して噛《か》みしめていかないと頭に入りづらい。

そのためか、『資本論』に親しんだマルクス経済学者や社会主義者を見ると、経済学部出身者も多いが、カール・マルクス（ベルリン大学法学部、イェーナ大学哲学博士号）、エンゲルス（ギムナジウム中退だが哲学、思想に造詣が深い）、ローザ・ルクセンブルク（チューリッヒ大学哲学科）、高田保馬（京都帝大哲学科）、片山潜《かたやません》（イェール大学神学部）、高畠素之

（同志社神学校）など、哲学専攻者が多い。その哲学も、すべてドイツ観念哲学である。

　これに対して、近代経済学者の場合はアルフレッド・マーシャル（ケンブリッジ大学数学科）、ケインズ（ケンブリッジ大学数学科）、ポール・サミュエルソン（ハーバード大学数学、物理）、ジョン・ヒックス（オックスフォード大学数学科）、ミハウ・カレツキ（ワルシャワ理工科大学）らの理系出身者が目立つ。

　ほかにも、ヨーゼフ・シュンペーター（ウィーン大学法学部）、ミルトン・フリードマン（コロンビア大学経済学部）のように、法学や経済学など実学を修めている。そして全員がマルクスのようなドイツ観念哲学ではなく、英米流の経験哲学・プラグマティズムにベースを置いている。

　事《こと》の良否は別として、マルクス経済学を学ぶには抽象的思考を要し、近代経済学を学ぶには数理的思考を要することは、厳然たる事実である。

　日本の大学の経済学部の入試を見ると、ほとんどの国公立大学では数学を課《か》している。しかし、私立大学では相当異なるようである。慶應大経済学部の入試は従来、数学が必須とされていたが、いつのまにか数学を課すA方式４２０人に対して、課さないB方式２１

0人ができてしまった。数学が入試で課されないと聞いていた早稲田大政治経済学部経済学科は、数学を課さない通常枠200人に対して、数学含みのセンター試験枠35人がようやくできたようである。

この現状を見るにつけ、日本の近代経済学が英米に遅れを取る遠因になりはしないかと懸念するのは考えすぎだろうか。

社会主義に共鳴していた漱石

漱石が『資本論』をどの程度理解していたか不明であるが、マルクスが志向した社会主義に対しては大いに理解と共鳴を示していた。

そもそも、資本主義への賛同や社会主義への共鳴は、各人の先天的な資質や性格にもよるが、後天的な環境や経済水準にも大きく左右される。漱石の生育環境は経済的にも家族愛にも恵まれておらず、そのことが、弱者への同情を育《はぐく》む素地にもなっていたように感じられる。

図表9　夏目家の収入の推移

時期	勤務先	年収	家族構成
1895（明治28）〜1896（明治29）	松山中学教諭	960円	漱石（独身）
1896（明治29）〜1900（明治33）	五高教授	1200円	漱石＋妻＋子1人
1903（明治36）〜1907（明治40）	東京帝大・一高の講師など	1860円	漱石＋妻＋子4人
1907（明治40）〜1916（大正5）	朝日新聞社員	2400円＋印税	漱石＋妻＋子6人
		3000円＋印税	漱石＋妻＋子6人

今日は上野をぬけ浅草の妙なところへ散歩したら、つい吉原《よしわら》のそばへでたから、ちょうど吉原神社の祭礼を機として、白昼廓《くるわ》内を逍遥《しょうよう》［ぶらぶら歩く］してみたが、娼妓《しょうぎ》に出会うこと頻《しき》りなり。いずれも人間のごとき顔色なく悲酸《ひさん》の極《きわみ》なり。（夏目漱石の一九〇七年五月二十七日付けの書簡）

吉原の娼妓を見かけ、同情一入《ひとしお》の感情が滲《にじ》み出ているではないか。これはマルクスが描く工場労働者の搾取された生活と二重写しにもなる。ただし、大学卒業後の漱石の経済水準は順調に上昇し、俸給《ほうきゅう》を食《は》む中流サラリーマンのレベルから始まり、究極は有名作家の走りとして朝日新聞社からの年俸のほかに印税を得て、その収入は就労者の上位1％以内に入る、中流の最上位に上昇した（図表9）。

とはいえ、夏目家の支出もけっして小さくなかった。漱石はけっして豪放磊落《ごうほうらいらく》な親分肌ではなかったが、対人関係を大事にし、義理堅《がた》く几帳面《きちょうめん》であったため、その謦咳《けいがい》に接したい弟子たちが夏目家に多く集まり、応接する飲食代は大きかった。

また、衣食住において、漱石は見栄を張るタイプではなかったが、地位に応じて支出は増えたし、係累《けいるい》・親族への援助も続いたので、夏目家の家計収支はトントンであった（漱石没後は時代的にも作家の印税収入が飛躍的に増大し、遺族はその後、裕福となった）。

漱石作品における社会主義

漱石作品の登場人物を見ると、漱石唯一の自伝的小説『道草』以外では、『虞美人草』『三四郎』は中流の上の知識階級が主役であり、『それから』はむしろ上流の高等遊民が登場している。

いっぽう『野分』『それから』『二百十日』には、明らかに漱石の社会主義への共鳴が垣《かい》間《ま》見られる。

「人を救うって、誰を救うのです」「社のもので、このあいだの電車事件［一九〇六年の電車料金値上げ反対運動］を扇動《せんどう》したという嫌疑で引っ張られたものがある。――ところが、その家族が非常な惨状に陥《おちい》って見るに忍びないから、演説会をしてその収入をそちらへ回してやる計画なんだよ」「そんな人の家族を救うのは結構なことに相違ないでしょうが、社会主義だなんてまちがえられると、あとが困りますから……」「まちがえたってかまわないさ。国家主義も社会主義もあるものか、ただ正しい道がいいのさ」（夏目漱石『野分』一九〇七年）

平岡はそれから、幸徳秋水という社会主義の人を、政府がどんなに恐れているかということを話した。幸徳秋水の家の前と後ろに巡査が二、三人ずつ昼夜張番《はりばん》をしている。一時は天幕《テント》を張って、その中から覗《ねら》っていた。秋水が外出すると、巡査があとをつける。万一《まんいち》見失いでもしようものなら非常な事件になる。今本郷《ほんごう》に現われた、今神田《かんだ》へ来たと、それからそれへと電話がかかって東京市中大騒ぎである。新宿《しんじゆく》警察署では秋水一人のために月々百円使っている。（夏目漱石『それから』一九〇九年）

「ハハハハそんなに聞きたければ話すよ。そのかわり剛健党にならなくちゃいけないぜ。君なんざあ、金持ちの悪党を相手にしたことがないから、そんなに呑気《のんき》なんだ。君はジッキンス［ディケンズ］の両都物語［二都物語］という本を読んだことがあるか」……「へえ、どんなものだい」「そりゃ君、仏国の革命の起こる前に、貴族が暴威を振るって細民《さいみん》［貧しい人たち］を苦しめたことがかいてあるんだが。――それも今夜僕が寝ながら話してやろう」「うん」「なあに仏国の革命なんてえのも当然の現象さ。あんなに金持ちや貴族が乱暴をすりゃ、ああなるのは自然の理屈だからね。ほら、あの轟々《ごうごう》鳴って吹き出すのと同じことさ」と圭さんは立ち留《たど》まって、黒い煙のほうを見る。……「雄大だろう、君」と言った。「まったく雄大だ」と碌さんも真面目で答えた。（夏目漱石『二百十日』一九〇六年）

デモに参加した漱石の妻⁉

このような社会背景の下《もと》、漱石はけっして資本家打倒を叫ぶ社会主義に率先して傾倒したわけではなかったが、社会主義への共鳴を裏づける逸話が複数残っている。一つは、妻の鏡子が東京市電の電車賃値上げ反対のデモに参加したという新聞誤報をめぐってのエピソードである。

電車賃値上げ反対の旗幟《きし》を標榜してその絶交運動《ボイコット》を市民に促《うなが》すため、開催されたる日本社会党有志者の行列は、昨日午前九時五十分、神田区三崎町《みさき》三丁目一番地の同党本部を出《い》でたり。行列の一行はでき得るだけ質素にかつ静粛《せいしゅく》ならんことを期したるより、総数を十人と限り、堺枯川《こせん》［利彦］、森近運平《もりちかうんぺい》、野澤重吉《のざわじゅうきち》、菊江正義《きくえまさよし》氏外《ほか》四名と、堺氏の妻君《さいくん》、夏目（漱石）氏の妻君、これに加わり、各自浴衣《ゆかた》に尻端折《しりはしおり》、あるいは筒袖《つつそで》に草履履《ぞうりば》きという遠足式軽装をなし、婦人連も小褄《こづま》をキリと引き上げて、すこぶる身軽に見受けられたり。（「都新聞」一九〇六年八月十一日付け）

日本でも二十世紀に入り、大規模集会やデモが発生し始める。当時、日露戦争講和反対の集会は国際認識を欠いた大衆が集まったものとされたが、電車賃値上げ反対などのデモは生活防衛を目指す社会主義的行為と見なされていた。この記事を読んだ知人の深田康算《ふかだやすかず》は驚き、早速、記事の切り抜きを漱石に郵送したが、漱石は深田に次のような返事を出している。

拝啓、今頃は仙台のほうにでもお出《い》でのことと存じ候《そうろう》ところ、突然尊書《そんしょ》飛来、都新聞のきりぬきわざわざお送りくだされ、ありがたく存じ候。電車の値上げには、行列に加わらざるも賛成なれば一向《いっこう》差《さ》し支《つか》えこれなく候。小生もある点において社会主義ゆえ、……新聞に出ても、毫《ごう》も驚くことこれなく候。ことに近来は何事をも予期しおり候。新聞くらいに何が出ても驚くことこれなく候。都下の新聞に一度に漱石が気狂いになったと出れば、小生は反《かえ》ってうれしく覚え候。（夏目漱石の一九〇六年八月十二日付け書簡）

漱石は妻がデモに参加した事実は否定しているが、まったくむきにならず、むしろ彼が社会主義に共鳴していることがうかがえる。

次は、一九一五（大正四）年の衆議院議員選挙において、漱石や漱石の門下生らが堺利彦ら社会主義者たちと連帯して、文学者・馬場孤蝶《ばばこちょう》の立候補を応援した事実である。

馬場に対しては、進歩的文芸評論雑誌「反響」グループである漱石門下の森田草平、小宮豊隆、鈴木三重吉、阿部次郎、安倍能成らが立候補を促し、後援した。そして、彼らに勧誘された堺利彦も馬場に会って政見を確かめたうえで、新聞「萬朝報《よろずちょうほう》」に「東京社会主義者有志」の名前で、馬場への推薦広告を出した。その1カ月後には、馬場後援の資金を集めるために、実業之世界社から『孤蝶馬場勝弥氏立候補後援現代文集』が刊行され、その筆頭に、漱石の「私の個人主義」が載《の》っている。本文集には以下、漱石門下生、他の文壇諸氏、堺利彦、平塚雷鳥《ひらつからいちょう》らが寄稿した。

すなわち、馬場孤蝶の応援には社会主義者・堺利彦が動くいっぽう、文豪・夏目漱石も賛同し、その名が大いに活用される結果になったのである。

実学主義から教養主義へ

前述のように、日本人は明治維新後、西洋の学問や教育制度を導入したが、文明開化、富国強兵、殖産興業に役立つ実学が優先された。そのため、リベラル・アーツのなかでは卑近な一般教養はおろか、その頂点にある哲学からは遠く離れてしまった。

一八八六（明治十九）年創立の東京帝大は、その多くをドイツに範《はん》を取ったが、当時ドイツで大学から専門学校に放逐されていた工学部を、むしろ中核として取り込んだ。いっぽう、ドイツでは大学の理念を担《にな》う場として学内で最上位に位置づけられていた哲学部が、日本では軽んじられ、文学部の片隅に追いやられた。

帝国大学の卒業生は実学世界のリーダーになることを要請されたので、そこでは自《おの》ずと立身出世主義が支配する。ただし、日露戦争が終結し、列強からの外圧がおさまると、はじめて「教養」について考える余裕が生じた。

二十世紀に入ると、教養主義の主流は、エリートの培養器であった旧制高校において育成された。特に、新渡戸稲造《にとべいなぞう》が一九〇六（明治三十九）〜一九一三（大正二）年の間、第一高等学校校長を務めたのが、大きな転機となった。

それまでは、一高といえども東洋豪傑気取りが学内を闊歩《かっぽ》し、軍国主義的風潮が支配的だったが、新渡戸は学生に対して人格の修養を説くと共に、西洋の古典を読むことを推奨した。17～20歳といえば、人生ではじめて考え、喜び、悩むことを知る時期である。常識的俗物性を徹底的に排除した閉じた社会のなかで、彼らは難解な書に取り組み、活発な議論がなされた。

新渡戸の薫陶《くんとう》を受けた学生のなかから「教養主義者」と称される阿部次郎、安倍能成、和辻哲郎《わつじてつろう》ら漱石門下生や河合栄次郎《かわいえいじろう》らが輩出され、『純粋理性批判』（カント）、『善の研究』（西田幾多郎）、『三太郎の日記』（阿部次郎）、『愛と認識との出発』（倉田百三《くらたひゃくぞう》）などが、必読書として定着した。

次のエポックは、第一次世界大戦後の一九二〇（大正九）年頃からである。戦後、日本は漁夫の利を得て国力が上がり、経済規模が広がった。開戦時の一九一四（大正三）年と10年後の一九二四（大正十三）年を比べると、新聞・雑誌の発行部数は3倍、高校・大学生の数は4倍、専門学校・女学校生は2倍に膨《ふく》らんでいる。

旧制高校は、一九〇八（明治四十一）年にはナンバー・スクールが八校（設立順および設置場所から、一高・東京、二高・仙台、三高・京都、四高・金沢、五高・熊本、六高・岡山、七高・鹿児島、八高・名古屋）まで増えた。帝国大学も、一校から一九三九（昭和十四）年には九校（設置順から東京、京都、東北、九州、北海道、京城《けいじょう》、台北《たいほく》、大阪、名古屋）に増えた。

こうして、教授や学生が増え、多くの講義がなされ、多くの本が読まれることになるが、そこで使われる書籍は欧米の書であり、それだけに西洋文化が何倍の量にもなって、日本に浸透することになった。

大正教養主義とマルクシズム

一九一九（大正八）年、東京帝大において経済学部が法学部から分離独立、それまで学問とされなかった経済学が、学問としてはじめて認知された。

一九三六（昭和十一）年に経済学部長に就任した河合栄治郎は、偏向のない正統な学問を定着させようと、「社会科学古典研究会」を作り、文科系の講義を理科系の学生にも開放した。使われたテキストは『国富論』（アダム・スミス）、『ドイツ国民に告ぐ』（フィヒテ）、『人口論』（マルサス）、『十八世紀英国産業革命史論』（トインビー）、『経済学原理』（マーシャル）、『フランス革命論』（バーク）などであった。

河合は時流に押し流されず、極端な赤狩りには身を挺《てい》し、いっぽうでは安易な国粋主義には断固として対決、大正教養主義を最後まで守った。

このように、新渡戸稲造→漱石門下生→河合栄治郎と育てられた大正教養主義という温床に、勢いよく流れ込んだものこそ、マルクシズムであった。もちろん、ロシア革命の成就という大きな力学が働いてはいたが、マルクシズムの理解には大正教養主義で培《つちか》った抽象的思索が不可欠であった。ここらへんの事情を、丸山真男《まるやままさお》に語ってもらおう。

近世合理主義の論理とキリスト教の良心と近代科学の実験操作の精神と――現代西欧思想の伝統でありマルクス主義にも陰《いん》に陽《よう》に前提されているこの三者の任務をはたしてどのような世界観が一手に兼ねて実現できようか。日本のマルクス主義がその重荷にたえかねて自家中毒をおこしたとしても、怪《あや》しむには足りないだろう。このことを逆にいうならば、まず第一に、およそ理論的なもの、概念的なもの、抽象的なものが日本的な感性からうける抵抗と反発とをマルクス主義は一手に引き受ける結果となった。（丸山真男『日本の思想』）

文章はけっして読みやすいとは言えないが、その洞察はさすがである。

漱石と『資本論』

ドイツ観念哲学に立脚するマルクス経済学と、英米プラグマティズムに立脚する近代経済学の比較において、もし漱石が長生きしていたら、その考え方から見て、近代経済学のほうに与《くみ》しやすかったと推測される。

また、漱石が文豪への道を順調に上り詰めていく過程は、階級的利害が中流インテリの頂点に上り詰めていく段階でもあった。ただし、その生い立ちからも弱者への同情が強く、留学時には最先端工業国イギリスにおける貧富の格差を痛感してもいた。経済的・政治的立場は前述した通り、社会主義への共鳴を大いに抱くに至った。

全集、書簡も含め漱石作品を全部読んでいるという向坂逸郎は、次のように述べている。

漱石の全作品のなかには社会主義という言葉が、その本来の意味で用いられることはない。もちろんその時代にはすでに日本に社会主義者がいなかったことはない。日本最初の反戦運動があり、幸徳事件［大逆事件］があった。堺［利彦］さんの売文社《ばいぶんしゃ》［堺利彦、大杉栄《おおすぎさかえ》、荒畑寒村《あらはたかんそん》らによる文筆事業］運動もあった。そしておそらく漱石はこれらの運動を知ってはいたであろう。漱石はおそらくこれらの運動なり、思想なりに、それほどの関心を示さなかった。しかし『資本論』第一巻の英訳は、その蔵書のなかにもっている。しかし、読んだ経験はないらしい。それではどうして、なんの目的をもって買ったのであろう。漱石が『資本論』を買ったとすれば、ただいたずらに買ったのではあるまい。しかし、漱石は読んでもわからなかったであろうと思う。漱石が読んでわかったらたいしたことであったろう。……あの時代に『資本論』を経済学の書としてでなく、行動の書として読む力はいくら漱石でもあるまい。『資本論』は第一巻（当時英訳は、第一巻だけしか出ていない）だけ読んでも、これを行動の書として読むことはできたにちがいないが、漱石にはできなかったろう。（向坂逸郎『歴史から学ぶ』）

向坂は文学者として漱石を高く評価しているが、経済学が本業ではない漱石が生産の社会化・計画化を述べることははじめから期待していない。漱石が感覚的にでも資本主義と社会主義の対比をとらえ、それを文筆活動や日常の信念に反映してもらえれば、向坂は満足だったのである。

第五章
今も生きる『資本論』

「次は階級闘争だ」。2011年10月、アメリカ・ニューヨークの「ウォール街を占拠せよ」デモで掲げられたプラカード

ソ連崩壊後のマルクシズム

一九八九（平成元）年のベルリンの壁崩壊および一九九一（平成三）年のソ連の崩壊は、それまでソ連・東欧の政治経済体制を支えてきた社会主義と、そのイデオロギー的・理論的根拠であったマルクシズムの敗北として受け止められ、約70年におよぶ壮大な社会主義の実験が失敗に終わったと見る人々は多かった。

これは、一九一七（大正六）年のロシア革命とソ連邦成立がマルクシズムの勝利と認識され、各国に社会主義やマルクシズムが浸透していったのと同根であろう。

大学におけるマルクス経済学の立場は苦しくなった。まず、「マル経はまちがっていたのではないか、学んでも役に立たないのではないか」という実利的な損得勘定が学生側に起こったが、大学側もそれに対応せざるを得なくなった。しかし、教授陣の顔ぶれを急に変えることは難しく、経済学の講座のなかで、マルクス経済学に代わって近代経済学の比重が増え、またマルクス経済学を教える場合でも講座名を「社会経済学」「政治経済学」に変えるような動きが起こった。

すでに近代経済学が優勢であった一橋大や慶應大に比べ、マルクス経済学の流れが強かった東大や京大では、この変化が大きかった。しかし、結果、大学間にあったマル経・近経の勢力比率の差が小さくなり、講座内容が類似する。

マル経学者のなかには「ソ連の政策が本来のマル経から逸脱《いつだつ》したから破綻したのであって、マル経自体の価値は棄損《きそん》していない」という声も一時は強く、近経学者には無思慮な勝者の驕《おご》りも見られた。

日本共産党の変化

政治においても、ソ連の崩壊は左翼政党にダメージを与えたが、もっとも深刻な影響を受けたのは日本共産党である。彼らもマル経学者と同様の説を唱えていたが、現実的な対応を迫られたことは、「日本共産党規約」「日本共産党綱領」をソ連崩壊の前後で比較してみれば明らかである。

党の憲法とも言える「綱領」では、仮想敵をアメリカ帝国主義と日本独占資本に置いていることに変わりはないが、政策を社会主義革命↓共産主義革命から民主主義革命↓社会主義的変革へと、極左的スタンスから社民党的スタンスに後退させている。しかし、「ソ連の崩壊はスターリン以下ソ連指導者の誤作動が原因であり、科学的社会主義が敗北したのではない」とも言い切っている。

二〇〇四（平成十六）年の綱領は一九九四（平成六）年と一見《いっけん》大差ないが、次の文言には注意を要する。すなわち装《よそお》いを新たにしつつも、民主主義→社会主義→共産主義という道程が、再び強調されているのである。

日本の社会発展の次の段階では、資本主義を乗り越え、社会主義・共産主義の社会への前進をはかる社会主義的変革が、課題となる。これまでの世界では、資本主義時代の高度な経済的・社会的な達成を踏まえて、社会主義的変革に本格的に取り組んだ経験はなかった。発達した資本主義の国での社会主義・共産主義への前進をめざす取り組みは、二一世紀の新しい世界史的な課題である。（「日本共産党綱領」二〇〇四年一月十七日の第23回党大会で改定）

いっぽう、党員の行動指針とも言うべき「規約」では、「労働者の前衛部隊」から、広く「労働者および国民の党」へと大幅に緩和され、「党内民主主義」は軍隊的から多数決制に移行せざるを得なかったようである。

しかし、一時の動揺が過ぎて落ち着いてくると、識者の間では、マルクス経済学がいまだ持ち続けている意義が認識されてきた。それは、マルクスが述べている理論そのものではなく、陰に陽に主張されている、あるいは滲《にじ》み出てくる「経済構造上の強者への富の集中を防ぎ弱者を助けよう」という思想・精神であるようで、本章でこれから述べることはすべて、この方向に沿うものである。

中国経済の変化

先日、山崎が出席した左翼と元左翼が集《つど》うある会合で、司会者が「現在の中国は社会主義だと思うか、資本主義だと思うか」という問いを出したところ、ほぼ全員が「資本主義である」と断言した。

つまり「中国は社会主義と称しているが、実際は資本主義に転落した」という評価である。逆に「中国も資本主義ルールを主体に運営せざるを得なくなったが、マルクスの言う社会主義の精神も尊重し、これと調整している」と言えるかもしれない。

それでは、中国経済の変化を歴史的に見てみよう。

第二次世界大戦後、一九四九（昭和二十四）年に中国共産党は中華人民共和国を樹立、毛沢東《もうたくとう》が国家主席に就任した。当時の中国は生産力の水準が低かった。また、国民のほとんどは貧しく、識字率も低かった。まずはここから抜け出そうと、中国共産党政権は全国（当時は大部分が農村）に「人民公社（生産と行政が合体した地区組織）」を組織し、国民に必要な食料は供給できるようになった。経済水準は欧米諸国や日本と比べて非常に低かったが、人々は飢《う》えから解放され、子どもたちに初等教育が行き渡った。

しかし、党と行政機関は劉少奇《りゅうしょうき》、周恩来《しゅうおんらい》、鄧小平《とうしょうへい》など、実務に優れたテクノクラートに掌握され、共産主義思想を重視した政治を優先しようとする毛沢東および側近は、強い不満を抱くことになる。

一九六六（昭和四十一）年、毛沢東一派が一大反撃に転じて「文化大革命」を開始、たちまち全国を席巻した。社会主義思想を優先した文化大革命のスローガンは、活動を担う党員・若者たちを鼓舞《こぶ》したが、合理性を欠いたその方法は生産力と経済を混乱させ、停滞させてしまった。

一九七六（昭和五十一）年に毛沢東が死去すると、「実務優先」の指導者たちが巻き返し、文化大革命の指導者だった四人組（江青《こうせい》、張春橋《ちょうしゅんきょう》、姚文元《ようぶんげん》、王洪文《おうこうぶん》）は逮捕され、文化大革命は終息した。

その後、政府と共産党幹部の討議を経て、一九七八（昭和五十三）年の第十一期三中全会《さんちゅうぜんかい》（第十一期の党大会で選出された党中央委員会の第三回全体会議）において、「改革開放」が決議された。その結果、人民公社が主体の経済から、世界の資本に門戸を開放する「社会主義市場経済」へ移行した。

この段階では、中国も内心、不安を抱いていたし、外資も疑心暗鬼だったが、はじめに動いたのはアメリカ企業（コルゲートなど）だった。ほどなく、日本を含む資本主義諸国の投資が順調に増え、生産も向上した。何と言っても、労働者の賃金が安く、人口も多く、大きな国内市場があるのが魅力であった。

その結果、外資は利益をたっぷり確保したが、中国政府も剰余価値の一部はがっちり確保して、労働者の生活向上、企業の成長、税収の増加などのメリットを最大限に享受したのである。中国の労賃は高くなったが、徐々に中国自身の技術も向上し、産業も高度化し、現在では、中国は世界有数の工業国になっている。

『資本論』で読み解く中国経済

ここまでの定性的経緯を裏づける定量的資料として、一九五二（昭和二十七）～二〇一〇（平成二十二）年の中国のGDPと国民1人あたりのGDPの推移を日本と比較しながら、整理してみよう（図表10）。

これを見ると、文化大革命期の停滞と改革開放後の高成長が如実に表われている。日本との比較においても、かつての大きな差は急速に詰まっている。まだ国民1人あたりのGDPは大差がついているが、国別の総合では二〇〇〇年代に入って早々

中国		
総GDP	5年ごと倍率	1人あたりGDP
940	—	165
1,211	1.29	199
1,924	1.60	258
2,013	1.05	231
2,814	1.40	344
3,749	1.33	409
5,142	1.37	524
8,550	1.66	813
12,487	1.46	1,100
22,263	1.78	1,848
33,684	1.51	2,668
53,649	1.59	4,115
91,264	1.70	6,822

・牧野文夫編著『アジア長期経済統計』より）

図表10 日本と中国のGDP推移

		日本		
年	事項	総GDP	5年ごと倍率	1人あたりGDP
1952(昭和27)		2,969	—	3,486
1955(昭和30)	共産化	3,658	1.23	4,138
1960(昭和35)		5,571	1.52	6,023
1965(昭和40)		8,715	1.56	8,813
1970(昭和45)	文化大革命期	13,460	1.54	12,899
1975(昭和50)		16,807	1.25	15,014
1980(昭和55)	改革開放期	20,827	1.24	17,835
1985(昭和60)		25,678	1.23	21,265
1990(平成2)		32,765	1.28	26,523
1995(平成7)		35,155	1.07	28,026
2000(平成12)		36,652	1.04	28,889
2005(平成17)		38,896	1.06	30,441
2010(平成22)		39,548	1.02	31,030

※単位：2005年時の億ドル(総GDP)、同ドル(1人あたりGDP)

(南亮進

と逆転され、今や中国が日本の2倍以上に達し、アメリカをも追い抜きそうな勢いである。

このように、中国経済は資本主義的手法で大発展を続けているが、一九四九(昭和二十四)年以来根づいた社会主義が十分残り、その要素が適度に作用していることが認識できる。

①文化革命期であれ、改革開放後であれ、マルクスが志向した搾取の禁止、格差の緩和という精神、社会全体の利益のための生

産と、それにもとづく施策こそ、国民生活の水準向上に向かわせた大きな要因と考えられる。

②計画経済的手法による全国的統制力が残っているからこそ、あれだけ広大で人口の多い中国で、政府の経済政策が浸透しやすかったと考えられる。

③改革開放の初期においては、中国人の安い労賃が大きく貢献した。これは、『資本論』に言う労働価値説の「労働からこそ剰余価値が生まれるが、その労働賃金が安く剰余価値が潤沢《じゅんたく》に得られた」という原理が、大いに機能したと考えられる。

現在、BRICs《ブリックス》（ブラジル、ロシア、インド、中国）各国は、すべて国土が広大で人口も多く、経済成長に必死だが、中国モデルは大いなる手本になるだろう。そうすると、政治的にはいったん社会主義を放棄したロシアが、建前上は社会主義国である中国を見倣《みなら》うというのもおもしろい。

『資本論』で読み解く先進国経済

現在、『資本論』のなかで企業家や官僚がもっとも気にするのは、第3巻に言う「利潤率の低下」傾向ではないだろうか。先進国では経済成長率が鈍化、企業収益もかつてのようには上がらない。この二つの現象が結びつき、マルクスの言うような、資本主義の行き詰まりが現われているのではないのか、という懸念である。

GDPとは一言《ひとこと》で言えば「国全体が生み出す付加価値の総和」であり、そこに企業収益がどれくらい関連・反映しているかはきわめて複雑で明示できないが、企業収益が一国のGDPに与える影響は相当大きいことはまちがいない。だから、先進国の企業家や官僚は、自国のGDP成長率の鈍化を心配するのである。

ただし、経済のグローバル化によって、日本を含む先進工業国は近年、海外投資・海外生産をとみに増やしており（これは必然であり、けっして悲観すべきことではないが）、GDPにはマイナスに働いていることを留意しなければならないだろう。確かに、最近の日本の対外投資額推移とそのGDP比率を見ると、じわじわと増加している（次ページの図表11）。

図表11　日本の投資額の推移（対外・対日）

年	日本の対外投資	外国の対日投資		日本のGDP	比率
1985（昭和60）	6,452	609	5,843	1,585,000	0.37%
1990（平成２）	48,024	1,806	46,218	2,359,000	1.96%
1995（平成７）	23,443	41	23,402	2,856,000	0.82%
2000（平成12）	31,557	8,323	23,234	3,237,000	0.72%
2005（平成17）	45,781	2,776	43,005	3,859,000	1.11%
2010（平成22）	56,263	△1,252	57,515	4,320,000	1.33%
2014（平成26）	113,629	2,090	111,539	4,760,000	2.34%

※単位：100万ドル、△はマイナス

（JETRO「直接投資額統計」より）

一時、中国における外国の直接投資が増えたことは、『資本論』で言うところの労賃が安く、その剰余価値が投資国にとっても、中国にとっても得やすいことを示しているし、企業利潤率の低下傾向への心配も、『資本論』の論脈から発していると言えるだろう。このように、現在の経済状況を『資本論』で読み解くと、〝すっきりする〟面も否定できない。

二十一世紀の格差問題

一九五五（昭和三十）年頃から一九九〇（平成二）年頃まで続いた、日本の高度ないし中度経済成長は、所得の格差を減少させ、さらに経済全体のパイを大いに拡大させたので、国民全体に一時的にせよ、「一億総中流意識」と「行け行けどんどん」的な心地よさをもたらした。

ところが、一九九一（平成三）年からの20年間はアメリカの好況とは対照的に、日本の長期不況が目立ち、「失われた10年」、さらに「失われた20年」が到来する。そして、日本の所得格差が広がってきたという警戒感をともなった格差論議が、二十一世紀に入る頃から叫ばれ始める。

政府や関係官庁では、国全体としての長期的不況からの脱出に傾注したが、国民の格差拡大に警鐘を鳴らしたのが、橘《たちばな》木《き》俊詔《としあき》の『日本の経済格差』（一九九八年）などであった。それを実証する論理は、よく「ジニ係数」に代表されて語られる。この計算方法と理論を説明する前に、216〜217ページの図表12を見ていただきたい。

まず、所得の低い順にA、B、C、D、Eとする。この5人の所得格差を計算するために、人数を示すX軸と所得額を示すY軸で正方形を作る。次に、X軸の左から右へA、B、C、D、Eを置き、Y軸の下からイ（Aの所得額のみ）、ロ（A＋Bの所得額）、ハ（A＋B＋Cの所得額）、ニ（A＋B＋C＋Dの所得額）、ホ（A＋B＋C＋D＋Eの所得額）を置く。

そして、ホの高さをY軸の高さに合致するように調整し、5本の棒グラフの頂点を結ぶと線になる。もしA、B、C、D、Eに所得格差がなく同一ならば、正方形をななめに等分する直線となるはずである（図表12上段・右）。この状態を格差ゼロの理想値とすると、この理想直線より、現実のローレンツ曲線（図表12下段・中）がどれだけ下方弓形《かほうゆみがた》に乖離《かいり》しているかを示したのが、ジニ係数である。

ここまで来れば、簡単である。ローレンツ曲線をななめの直線を軸に反転させて、上半分にも描く。そして、上のローレンツ曲線と下のローレンツ曲線に囲まれた面積が、正方形面積の何%を占めるかがジニ係数であり、この数値が高ければ格差は大きく、低ければ小さいということになる。

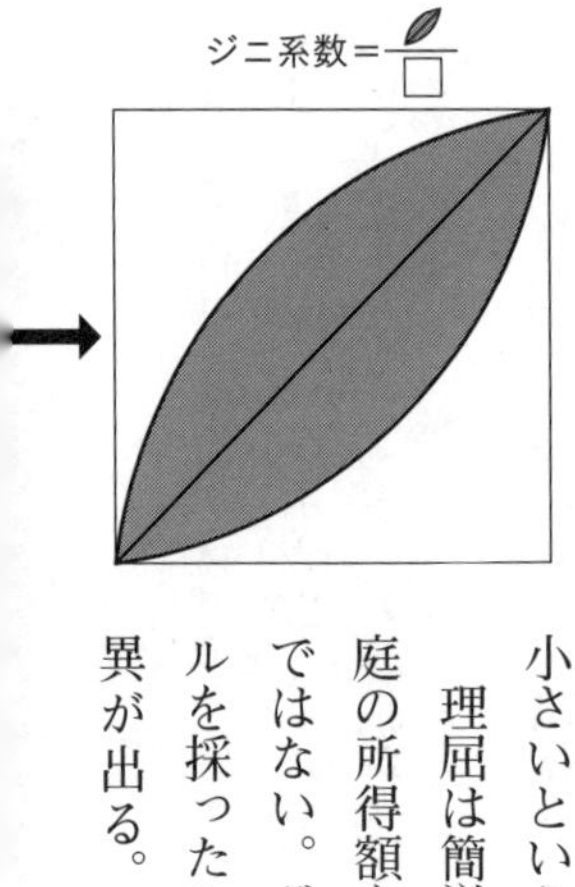

理屈は簡単でも、日本の全家庭の所得額を並べることは容易ではない。だから、どのサンプルを採ったかによって、当然差異が出る。ましてや、時代が

図表12 ローレンツ曲線とジニ係数

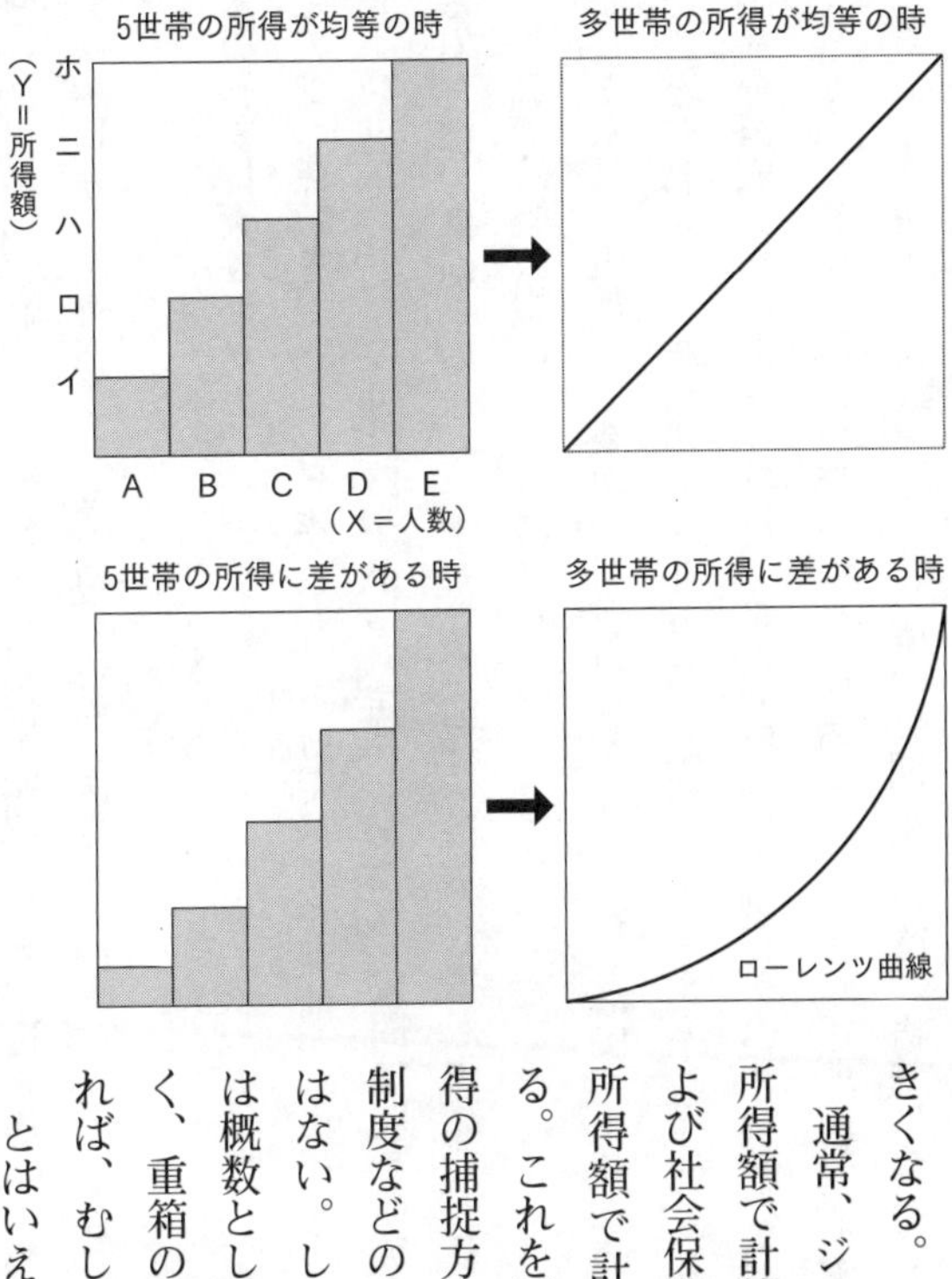

遡《さかのぼ》るほど、大作業で誤差も大きくなる。

通常、ジニ係数は税引き前の所得額で計算されるが、納税および社会保障で補正・調整後の所得額で計算されることもある。これを国際比較すると、所得の捕捉方法、税制、社会保障制度などの違いがあり、簡単ではない。したがって、ジニ係数は概数として見ないと意味がなく、重箱の隅《すみ》をつつくようであれば、むしろ害が大きい。

とはいえ、ジニ係数は定量化

できる統計数値が整《ととの》っていれば、所得格差以外にも、資産格差、相続格差、税率格差、社会保障格差、教育格差、意識格差など、あらゆる分野に応用できる便利な手法である。

日本の格差は大きいか

このジニ係数を用いた、日本における所得格差を戦前から現代まで時系列的に推計したデータを紹介しよう（図表13）。正式な統計がなく、民間機関や研究者による数値が複数ある場合は、単純平均した。また、戦前は数値の収集が困難であり、誤差もあるだろうが、ここでは概数的に見ていただきたい。

ここからは、戦前の大きかった所得格差は戦後の経済民主化によって縮小され、改善されたことがわかる。その後、一九五六（昭和三十一）年から一九八九（平成元）年までの順調な経済成長期のジニ係数は、0・35付近に安定している。所得の絶対額というパイが急上昇したために、国民全体の心理は明るく、「一億総中流」意識が蔓延《まんえん》した。

しかし、一九九一（平成三）年以降の長期不況以降、格差はじわじわと広がっていることが明らかに読み取れる。そして、経済のパイが増えないことを背景に、「格差拡大」「下流」といったネガティブな声が大きくなっている。

最近のOECD加盟35カ国のジニ係数ランキングでは日本は10位であり、格差が大きな国になっている。自由競争を標榜するアメリカやイギリスよりは低いが、経済が安定し所得の高い西欧諸国よりも高いことをきちんと認識しなければならない。

確かに、ジニ係数の〝一つ覚え〟ではいけないであろうが、ほかにも、上位10%の高額所得者の所得が国民全体の何%を占めるか、低額所得者がどう分布しているか、など有用な統計手法もある。また、個人の意識や感覚を扱った定性的な統計も無視できず、これらも併用して、判断すべきであろう。

図表13
日本のジニ係数

年	採択値
1890（明治23）	0.31
1900（明治33）	0.42
1910（明治43）	0.39
1920（大正 9 ）	0.44
1923（大正12）	0.53
1930（昭和 5 ）	0.47
1937（昭和12）	0.52
1940（昭和15）	0.56
1956（昭和31）	0.31
1962（昭和37）	0.38
1968（昭和43）	0.35
1974（昭和49）	0.34
1980（昭和55）	0.33
1986（昭和61）	0.34
1989（平成 1 ）	0.35
1992（平成 4 ）	0.36
1995（平成 7 ）	0.37
1998（平成10）	0.37
2001（平成13）	0.38
2004（平成16）	0.38
2007（平成19）	0.39
2010（平成22）	0.38

ピケティが訴えたかったこと

二〇一四(平成二十六)年、フランスの経済学者トマ・ピケティが書いた『21世紀の資本』の邦訳本が出版された。700ページにもおよぶ大著であり、定価5940円(税込み)であるにもかかわらず、15万部を超えるベストセラーになった。この現象は日本だけではなく、アメリカでは50万部、全世界では100万部を超えている。

売れた最大の理由は、世界中で格差問題が深刻化しているからだろう。とはいえ、ピケティは気鋭の経済学者として、すでに一九九〇年代には著名であったし、同書も世界20カ国の経済学者の協力を得て、主要国の所得・富・税制など、過去200年間の格差データを集めた経緯から見ても国際的広がりを持ったものである。

実際、「ジニ係数」のほか、「上から10%の高額所得者が国全体の所得の何%を占有しているか」「国の平均所得の半分以下の所得者が国民の何%いるか」など、さまざま係数を駆使して論証している。

ピケティは何を訴えたかったのだろうか。その書き出しからは、彼の問題提起の発想が読み取れる。

富《とみ》の分配は、今日《こんにち》最も広く議論されて意見の分かれる問題のひとつだ。でもそれが長期にわたり、どう推移してきたかについて、本当にわかっているのは何だろう？　19世紀にマルクスが信じていたように、私的な資本蓄積の力学により、富はますます少数者の手に集中してしまうのが必然なのだろうか？　それともサイモン・クズネッツが20世紀に考えたように、成長と競争、技術進歩という均衡《きんこう》力のおかげで、発展の後期段階では階級間の格差が縮《ちぢ》まり、もっと調和が高まるのだろうか？　18世紀以来、富と所得がどう推移してきたかについて、本当にわかっていることは何だろうか、そしてその知識から、今世紀についてのどんな教訓を引き出せるのだろうか？（トマ・ピケティ『21世紀の資本』はじめに）

彼は歴史的データを使いながら、次の定理に焦点をあてている。

資本分配率＝資本収益率×資本所得比率

これだけではわかりづらいので、分解してみよう。

資本所得／資本所得＋労働所得＝資本所得／資産×資産／資本所得＋労働所得

たとえば、国の経済活動とは、資本家が得る資本所得＋労働者が得る労働所得であり、これは取りも直さずＧＤＰである。資本分配率とは、ＧＤＰのうち資本家の取り分である。資本収益率とは、運用する資産額に対して、資本家が得る資本所得がどれくらいかを示す指標であり、資本所得率とは、資本家の所有・運用する資産がＧＤＰに対してどれくらいかを示す指標である。

さらに彼は、次の定理を強調している。

資本収益率（r）＞経済成長率（g）

これは資産を運用して得られる利益のほうが、GDPの成長率より高い傾向があることを示している。この式に主要国の数値を入れると、資本分配率は十九世紀から二十世紀初頭にかけては高く、一九三〇（昭和五）〜一九七五（昭和五十）年は低下したが、その後は再度上昇して、現在は相当高くなっている。

資本分配率とは、具体的には不動産、株式、投資信託などに投資して得られる資本所得が、資本所得と労働所得の和であるGDPに占める指標である。すなわち、この定理は、勤労者が毎日額《ひたい》に汗して働いて得られる給与に比べて、不労所得とは言わないまでも、賃労働せずに得られる利益のほうが増えていることを表わしているのだ。

確かに、経済成長率が高い時はベースアップもほぼそれにしたがうので、資本分配率は低くなるし、第一次および第二次世界大戦のような緊急時には、累進課税しても富裕層はしかたなく納得するので、やはり資本分配率は低くなる。しかし平和が戻り、先進国が低成長段階に入ると、またまた資本分配率は上がってくるのである。

ピケティとマルクスの類似性

このように、難解な高等数学を使わず、概念式と論理と具体的実証によって論を進めていくピケティの分析手法は、近代経済学の手法よりも、むしろマルクスの『資本論』の手法に近い。彼の印象的な叙述を見ていただきたい。

率直に言わせてもらうと、経済学という学問分野は、まだ数学だの、純粋理論的でしばしばきわめてイデオロギー偏向をともなった憶測だのに対するガキっぽい情熱を克《こく》服《ふく》できておらず、そのために歴史研究や他の社会科学との共同作業が犠牲になっている。経済学者たちはあまりにしばしば、自分たちの内輪《うちわ》でしか興味を持たれないような、どうでもいい数学問題にばかり没頭している。この数学への偏執狂ぶりは、科学っぽく見せるにはお手軽な方法だが、それをいいことに、私たちの住む世界が投げかけるはるかに複雑な問題には答えずにすませているのだ。(トマ・ピケティ『21世紀の資本』)

彼は、マルクス経済学、近代経済学それぞれの論理はともかく、経済学の手法として、教条的イデオロギーも安易な数学化も嫌っているのである。まったく同感である。

ピケティはトレンドの報告で終わらず、これを是正《ぜせい》する処方箋も提案している。低成長でも地道な改革はあり得る、と主張する。たとえば、年率1％成長でも、30年続ければ累積35％以上になる。年率1・5％成長なら、30年後に累積50％にもなる。そして、「累進所得税」を採用、さらに「国際的な所得税」を導入して、合わせ技にすれば、さまざまな改革も可能であると説く。

日本の賃金体系と富《とみ》の再分配

『21世紀の資本』に次いで、翌二〇一五（平成二十七）年には、ピケティの『新・資本論』の邦訳本が出版された。前著より小型化され、簡易化されたこともあり、こちらも売れているようだ。これはピケティが新聞紙上の連載を集めたもので、さまざまなエピソードを通して格差問題を訴えている。

たとえば一つの例として、世界一裕福な女性と言われるリリアンヌ・ベタンクールを挙げている。一九二二（大正十一）年生まれの彼女は、世界最大の化粧品会社ロレアルの創始者の一人娘として生まれ、総資産は１６０億ドルと言われている。

一九五〇（昭和二十五）年に政治家の妻となり、今まで政党や政治家への献金を行なってきたが、二〇一〇（平成二十二）年にフランスのサルコジ大統領を非合法的に支援した嫌疑もかかっている。ピケティは「彼女はきちんと税金を納めているのか」とベタンクール家の騒動を採り上げ、富裕者の税金逃れを訴えている。

報酬額	従業員年収	倍率
80億4200万円	1,164万円	691倍
21億8700万円	717万円	305倍
20億9600万円	1,164万円	180倍
10億7100万円	795万円	135倍
9億 500万円	960万円	94倍
9億円	869万円	104倍
7億7920万円	935万円	83倍
6億9600万円	852万円	82倍
6億9000万円	1,571万円	44倍
4億8500万円	1,229万円	39倍

225社役員の報酬ランキング 2015年」より）

私たちも、ささやかながらピケティの片棒を担《かつ》ぎたくなった。日本の資産家の詳細なデータは集められなかったので、給与所得者におけるトップの給与とそれ以外の格差を調べ

図表14　日本の公務員と会社員の所得

国家公務員	年収額(比率)	上場企業平均	年収額(比率)
事務次官	2,249万円(8.06)	社長	4,000万円(10.55)
本省局長	1,713万円(6.14)	常務取締役	2,268万円(5.98)
本省課長	1,181万円(4.23)	部長	1,036万円(2.73)
係長	516万円(1.85)	係長	670万円(1.77)
初任給 (大卒・一般職)	279万円(1.00)	25歳 (大卒・総合職)	379万円(1.00)

(国家公務員は「平成27年人事院勧告」、上場企業平均は厚生労働省「平成24年　賃金構造基本統計調査」より)

図表15　日本企業の高額報酬者

順位	企業名	氏名
1	ソフトバンクグループ	ニケシュ・アローラ
2	セブン＆アイＨＤ	ジョセフ・マイケル・デピント
3	ソフトバンクグループ	ロナルド・フィッシャー
4	日産自動車	カルロス・ゴーン
5	武田薬品工業	クリストフ・ウェーバー
6	日立製作所	ジョン・ドメ
7	ソニー	平井一夫
8	トヨタ自動車	ディディエ・ルロワ
9	ファナック	稲葉善治
10	電通	ティモシー・アンドレー

(リクルート「大手企業

てみた（図表14）。

　この数字はそのまま鵜《う》呑《の》みにはできないが（国家公務員の場合、上場企業に比べて早く退職して関係法人に再就職するのが一般的であり、公務員としての勤務期間は相対的に短く、年収も低めに出る）、大数的に見ていただきたい。

　これを見ると、官庁でも上場企業でもトッ

イギリス	ドイツ	フランス
	社会民主党	社会党
労働党	緑の党	
保守党	キリスト教民主同盟	国民運動連合

プと若手との年収差は10倍前後であり、欧米に比べても、おそらくアジア諸国と比べても、著《いちじる》しく低い。

そこには、日本の農耕社会における、突出を許さない精神的伝統も働いているだろうが、世界最大の『資本論』受容国・日本で、無意識的にトップたちに培《つちか》われたエトスも作用していると思えてならない。

ちなみに、最近の日本企業の高額報酬者を選ぶと、図《はか》らずもトップに外国人を戴《いただ》いたり、国際企業化していたり、完全なオーナー企業であるようなケースが多いようだ（226〜227ページの図表15）。これはトップと初任給ではなく、トップと従業員平均との比較である。それが、ここまでの格差を生んでいる。

そこにマルクス的平等感や格差解消への志向はまったく見られず、競争型の新自由主義、すなわち新古典派的経済観が支配している。しかし、新古典派およびケインズ派の源流であるマーシャルでさえ「Cool Head and Warm Heart（冷静な論理と温《あたた》かい心情）」を主張しているよ

図表16 経済学派と政党

	目標	日本	アメリカ
マルクス派	大きな政府	社会民主党、日本共産党	
ケインズ派	中位の政府	民進党	民主党
新古典派	小さな政府	自由民主党	共和党

うに、経済学には計算と手法など手続き面だけではなく、思想も重要である。

今や日本も、グローバル化の荒波のなか、格差も拡大されていく懸念はけっして小さくない。それに対しても、『資本論』の今日《こんにち》的意義は大いにあるであろう。

新自由主義vs.マルクシズム

第三章の図表6（168〜169ページ）の延長として、各経済学派の志向と現在の政党との関連性・対応性を見ると、おおよそ図表16のようになる。

戦後の日本の政治スタンスは、「社会主義・計画経済を加味した資本主義」と言われるくらいであるから、ほとんどの時期で政権を担ってきた自由民主党（以下、自民党）の政治を「小さな政府」とは言えないだろうが、民進党や社会民主党（社民党）との相対比較においては、そう言えるであろう。

自民党では党内派閥が批判されたが、反面、政策集団として党内の多様性を保った機能は無視できない。派閥は、吉田茂《よしだしげる》に端《たん》を発するハト派と岸信介《きしのぶすけ》から始まるタカ派という、党内を二分する大きな流れがあり、政治、外交、経済政策などに反映された。経済政策ではハト派内閣の下《もと》では「中くらいの政府（大きな政府まではいかない）」「修正主義」の傾向を帯び、タカ派内閣の下では「小さな政府」「自由主義」の傾向を帯びる。

その意味では、タカ派の典型は、二〇〇一（平成十三）年四月から二〇〇六（平成十八）年九月まで5年半にわたって政権を担った第一～三次小泉純一郎《こいずみじゅんいちろう》内閣であろう。小泉首相は「聖域なき構造改革」という旗印の下、「民営化」「規制緩和」「不良債権処理」などの具体策を打ち出した。経済政策としては、アメリカ直輸入的な「新自由主義」と「小さな政府」を目指していたと言えよう。

ただし、小泉首相は経済に明るくはなかったので、経済財政政策担当大臣と金融担当大臣を兼務した竹中平蔵《たけなかへいぞう》を軸に、高橋洋一《たかはしよういち》、木村剛《きむらたけし》らのスタッフに丸投げした感が強い。

竹中は一橋大卒業後に日本開発銀行に入行、ハーバード大学留学、大蔵省勤務を経て、自民党に喰い込んでいった。高橋は東大理学部数学科と経済学部を卒業後、大蔵省入省。木村は東大経済学部を卒業後、日本銀行に入行した。３人共に近代経済学を学び、数理に強かった半面、マルクス経済学は一顧《いっこ》だにしなかった。

不良債権処理のための公的資金注入は一見《いっけん》、新自由主義に反するようだが、そうではない。彼らは「潜在的経済成長力」を重視しており、銀行から企業へ必要資金が潤沢に供給されなければならないと考えていた。だから、バブル崩壊後から尾を引いていた金融機関の不良債権処理は、新自由主義的・緊急避難的政策であったのだ。

しかし、小泉政権期間に金融機関の不良債権比率は減少したものの、金融機関は用心したために企業への貸し渋《しぶ》りは続き、大きな効果は出なかった。

また、小泉政権は消費サイドよりも供給サイドの強化を目指し、経済的強者の牽引力《けんいんりょく》を重視した。弱者の救済を無視したわけではないが、格差の増大は軽視した。その結果、大企業優遇の税制が敷《し》かれ、非正規雇用者の比率は確実に上がった（232〜233ページの図表17）。

ちなみに、非正規雇用者の比率は細川護熙《ほそかわもりひろ》、羽田孜《はたつとむ》、村山富市《むらやまとみいち》、鳩山由紀夫《はとやまゆきお》、菅直人《かんなおと》、野《の》田《だ》佳彦《よしひこ》という非自民党政権時代はほとんど上昇せず、自民党政権期間に上昇していることは偶然ではなく、どこかにマルクス経済学的発想の軽重が反映していると考えられる。

小泉政権期間中、経済成長率は低位安定していたように見えるが、結局、標榜した緩《ゆる》やかなインフレは実現できず、デフレがべったりと定着した。

近代経済学者・中谷《なかたに》巌《いわお》の悔恨

現在、竹中の経済政策は失敗だったという見方が定着しつつあるが、一橋大・ハーバー

非正規雇用者比率	備考
20	
19	
21	
20	
21	
22	
23	消費税５％へ
24	
25	
26	
27	公的資金投入
29	
31	
32	
33	
33	公的資金返済
34	郵政民営化
35	リーマン・ショック
34	
33	
35	
35	
36	
37	消費税８％へ
38	

図表17　日本の歴代内閣と経済指標(1991～2015年)

年	首相	実質経済成長率	消費物価上昇率
1991(平成3)	海部俊樹／宮澤喜一	3.32	3.3
1992(平成4)	宮澤喜一	0.82	1.6
1993(平成5)	宮澤喜一／細川護熙	0.17	1.3
1994(平成6)	細川護熙／羽田孜／村山富市	0.86	0.7
1995(平成7)	村山富市	1.94	△0.1
1996(平成8)	村山富市／橋本龍太郎	2.61	0.1
1997(平成9)	橋本龍太郎	1.60	1.8
1998(平成10)	橋本龍太郎／小渕恵三	△2.00	0.6
1999(平成11)	小渕恵三	△0.20	△0.3
2000(平成12)	小渕恵三／森喜朗	2.26	△0.7
2001(平成13)	森喜朗／小泉純一郎	0.36	△0.7
2002(平成14)	小泉純一郎	0.29	△0.9
2003(平成15)	小泉純一郎	1.69	△0.3
2004(平成16)	小泉純一郎	2.36	0.0
2005(平成17)	小泉純一郎	1.30	△0.3
2006(平成18)	小泉純一郎／安倍晋三	1.69	0.3
2007(平成19)	安倍晋三／福田康夫	2.19	0.0
2008(平成20)	福田康夫／麻生太郎	△1.04	△1.4
2009(平成21)	麻生太郎／鳩山由紀夫	△5.53	△1.4
2010(平成22)	鳩山由紀夫／菅直人	4.71	△0.7
2011(平成23)	菅直人／野田佳彦	△0.45	△0.3
2012(平成24)	野田佳彦／安倍晋三	1.74	0.0
2013(平成25)	安倍晋三	1.36	0.4
2014(平成26)	安倍晋三	△0.03	2.7
2015(平成27)	安倍晋三	0.47	

※単位：％

ド大と竹中と同じコースを辿《たど》り、小渕恵三《おぶちけいぞう》内閣の「経済戦略会議」で議長を務めた（竹中も同委員）経済学者・中谷巌の言動に注目したい。

中谷は二〇〇八（平成二十）年、『資本主義はなぜ自壊したのか』を著し、新自由主義、市場原理主義、グローバル資本主義との決別を表明して、スタンスを180度転換した。同年に「週刊現代」に掲載された記事「小泉改革の大罪と日本の不幸」の冒頭部分を見てみよう。

私はいま、これまでの自分の主張が誤りだったと率直に反省しています。1990年代、細川内閣や小渕内閣で首相の諮問機関のメンバーだった私は、規制緩和や市場開放の旗を熱心に振り続けました。そして小渕内閣の「経済戦略会議」議長代理として発した提言は、その後、同会議の委員だった竹中平蔵さんによって引き継がれ、彼が小泉内閣で政策立案の中心人物となったときに、小泉構造改革の一環として実現していきました。小泉構造改革は日本にアメリカ流のグローバル資本主義を持ち込みました。間接的にですが、その改革に参画した私は、小泉・竹中氏同様、日本社会に構造改革を持ち込んだ張本人なのです。しかし、いきすぎた構造改革は日本社会の良き伝統を壊す強烈な副作用を生み出しているように思われます。貧困層の増大、異常犯罪の増加、ぬくもりのある社会の消失などです。「これはいけない」と、私は自らの主張が誤りだったと悔恨の念を持っています。「すべての改革が不要だった」と言っているわけではありません。ただ、改革は人々が幸せになるための手段です。構造改革で日本人は幸せになれたでしょうか？　多くの人々を不幸に陥《おとしい》れてしまう改革は、改革とは呼べないのです。（「週刊現代」二〇〇八年十二月二十七・二〇〇九年一月三日合併号）

理念にもとづく政治的転向者は散見されるが、理論にもとづく経済学的転向者はきわめて稀《まれ》ではなかろうか。共に一橋大で近代経済を学んだ中谷と竹中の差異を解く鍵は、マルクス経済学の洗礼を受けたか受けなかったか、具体的には一橋大教授陣では希少なマルクス経済学者・都留重人《つるしげと》の薫陶《くんとう》を受けたか受けなかったかではないか。

都留は一九四八（昭和二十三）～一九六五（昭和四十）年の長きにわたって教授として

講義を行なったが、その後は同大経済研究所長、学長を経て、一九七五（昭和五十）年に定年退官した。そして、中谷の在学期間は一九六一（昭和三十六）〜一九六五（昭和四十）年、竹中は一九六九（昭和四十四）〜一九七三（昭和四十八）年であり、都留の謦咳《けいがい》に接するか否《いな》かの境目《さかいめ》だったのである。

『資本論』の再評価

マルクス経済学を学ぶか学ばないかは別として、また、時の政府の経済政策の良否は別として、はたして経済の基礎的底流は政策によって簡単に変えられるものであろうか、という基本的で重要な命題がある。

テレビ番組の経済討論会などで、政治家、経済評論家、銀行マン、証券マンなどがあたかも自分たちが経済の舵取《かじと》りをしているかのような言動を耳にするが、経済の実態はけっしてそのようなものではないように思える。

本書の最後に、マルクスの次の叙述を掲載したい。

わたくしの研究にとって導《みちび》きの糸として役立った一般的結論は、簡単につぎのように公式化することができる。人間は、その生活の社会的生産において、一定の、必然的な、かれらの意志から独立した諸関係を、つまりかれらの物質的生産諸力の一定の発展段階に対応する生産諸関係を、とりむすぶ。この生産諸関係の総体は社会の経済的機構を形づくっており、これが現実の土台となって、そのうえに、法律的、政治的上部構造がそびえたち、また、一定の社会的意識諸形態は、この現実の土台に対応している。物質的生活の生産様式は、社会的、政治的、精神的生活諸過程一般を制約する。人間の意識がその存在を規定するのではなくて、逆に、人間の社会的存在がその意識を規定するのである。（カール・マルクス『経済学批判』序言 一八五九年）

『資本論』同様に難解な表現であるが、要は、経済において生産のメカニズムという土台を押さえない限り、上面の経済政策や政治政策をいくらいじっても、根本は変えられないと言っているわけである。二十一世紀の現在、そのまま鵜呑《うの》みにはできないが、含蓄《がんちく》は十分持っているのではないか。

おわりに

「漱石」「マルクス」「資本論」というビッグネームに取り組んだがために、十八世紀から二十一世紀まで、日本とヨーロッパに跨《またが》る膨大な領域をひたすら調べ、考え、ようやく書き終えた。筆を擱《お》いたあと、しばし呆然としてしまった。しかし、その過程では新発見もあり、興奮を覚えたのも事実である。

漱石とマルクスは共に天才ではあるが、資質も、家庭環境も、社会環境も異なり、その肌合いも対称的である。それでも、貧しき者に対する同情、社会の平等化への気概は共通して強かった。読者のみなさんには、本書から今日《こんにち》に通じるもの、現代への警鐘になるものを感じ取っていただければ、われわれにとってこれに勝《まさ》る喜びはない。

第二章『資本論』大意・要約の校閲は、新進気鋭のマルクス経済学者・江原慶先生に大変お世話になった。改めてお礼を申し上げたい。また、小島にとっては前著『帝国議会と日本人』に続き、祥伝社の飯島英雄氏から多大な助力を受けた。記して感謝したい。

筆者記す

参考文献

伊藤誠『『資本論』を読む』講談社学術文庫　二〇〇六年
ウィリアム・ジェイムズ著、吉田夏彦訳『多元的宇宙』日本教文社　二〇一四年
上山明博『「うま味」を発見した男』PHP研究所　二〇一一年
宇野弘蔵・大内力・大島清『資本主義』角川選書　一九七八年
A・G・アガンベギャン著、「海外評論」編集部訳『ソビエトの経済改革』ありえす書房　一九八六年
大内兵衛『マルクス・エンゲルス小伝』岩波新書　一九六四年
大西広『現場からの中国論』大月書店　二〇〇九年
河内一郎『漱石、ジャムを舐める』新潮文庫　二〇〇八年
カール・マルクス、フリードリヒ・エンゲルス著、大内兵衛・向坂逸郎監修『マルクス・エンゲルス選集15　剰余価値学説史解説』新潮社　一九五七年
カール・マルクス、フリードリヒ・エンゲルス著、大内兵衛・向坂逸郎監修『マルクス・エンゲルス選集7　経済学批判』新潮社　一九五九年
カール・マルクス著、フリードリヒ・エンゲルス編、向坂逸郎訳『資本論（一）～（九）』岩波文庫　一九六九－七〇年

カール・マルクス、フリードリヒ・エンゲルス著、大内兵衛・向坂逸郎訳『共産党宣言』岩波文庫　一九七一年
カール・マルクス著、望月清司訳『ゴータ綱領批判』岩波文庫　一九七五年
岸田一隆『3つの循環と文明論の科学』エネルギーフォーラム　二〇一四年
黒岩比佐子『パンとペン』講談社文庫　二〇一三年
小泉信三『共産主義批判の常識』講談社学術文庫　一九七六年
呉敬璉著、凌星光・陳寛・中屋信彦訳『中国の市場経済』サイマル出版会　一九九五年
幸徳秋水『社会主義神髄』岩波文庫　一九五三年
小島恒久『経済学入門』労大新書　一九六三年
小宮豊隆『夏目漱石　上・中・下』岩波文庫　一九八六–八七年
小山慶太『漱石が見た物理学』中公新書　一九九一年
小山慶太『漱石とあたたかな科学』講談社学術文庫　一九九八年
小山慶太『寺田寅彦』中公新書　二〇一二年
小山文雄『漱石先生からの手紙』岩波書店　二〇〇六年
堺利彦・森近運平『社会主義綱要』鶏声堂　一九〇七年
向坂逸郎『マルクス・エンゲルス選集13　マルクス伝』新潮社　一九六二年
向坂逸郎『歴史から学ぶ』大和書房　一九七八年

佐藤優・山﨑耕一郎『マルクスと日本人』明石書店　二〇一五年
産経新聞政治部『日本共産党研究』産経新聞出版　二〇一六年
志村史夫『文系？　理系？』ちくまプリマー新書　二〇〇九年
ジョージ・ソロス著、徳川家広訳『ソロスは警告する』講談社　二〇〇八年
鈴木英雄『夏目漱石と経済』近代文芸社　一九九六年
瀬木比呂志『リベラルアーツの学び方』ディスカヴァー・トゥエンティワン　二〇一五年
薛暮橋『中国社会主義経済問題研究』外文出版社　一九八〇年
高橋正雄『マルクスとケインズの対話』月刊ペン社　一九七五年
竹内薫著、嵯峨野功一構成『理系バカと文系バカ』ＰＨＰ新書　二〇〇九年
橘木俊詔『ニッポンの経済学部』中公新書ラクレ　二〇一四年
ダニエル・ヤーギン、ジョゼフ・スタニスロー著、山岡洋一訳『市場対国家 上・下』日経ビジネス人文庫　二〇〇一年
Ｔ・Ｓ・アシュトン著、中川敬一郎訳『産業革命』岩波文庫　一九七三年
東京大学百年史編集委員会編『東京大学百年史 部局史一』東京大学　一九八六年
トマ・ピケティ著、山形浩生・守岡桜・森本正史訳『21世紀の資本』みすず書房　二〇一四年
トマ・ピケティ著、村井章子訳『トマ・ピケティの新・資本論』日経ＢＰ社　二〇一五年

中村達也・新村聡・八木紀一郎・井上義朗『経済学の歴史』有斐閣アルマ　二〇〇一年
夏目鏡子述、松岡譲筆録『漱石の思い出』文春文庫　一九九四年
夏目漱石『漱石全集　第一～二十巻』岩波書店　一九二八～一九二九年
夏目漱石『文学論（上）・（下）』岩波文庫　二〇〇七年
根井雅弘『近代経済学の誕生』ちくま学芸文庫　一九九四年
一橋大学学園史編集委員会編『一橋大学学問史』一橋大学　一九八二年
ピョートル＝クロポトキン著、大杉栄訳『相互扶助論』同時代社　一九九六年
フリードリヒ・エンゲルス著、寺沢恒信・山本二三丸訳『空想から科学へ』国民文庫　一九五三年
毎日新聞社編『別冊1億人の昭和史　昭和文学作家史』毎日新聞社　一九七七年
牧村健一郎『新聞記者　夏目漱石』平凡社新書　二〇〇五年
松岡譲『漱石の印税帖』朝日文化手貼　一九五五年
的場昭弘『超訳『資本論』第1～3巻』祥伝社新書　二〇〇八～二〇〇九年
丸山真男『日本の思想』岩波新書　一九六一年
三好行雄編『漱石書簡集』岩波文庫　一九九〇年
森嶋通夫『思想としての近代経済学』岩波新書　一九九四年
ローラ・ハイン著、大島かおり訳『理性ある人びと　力ある言葉』岩波書店　二〇〇七年

切りとり線

★読者のみなさまにお願い

この本をお読みになって、どんな感想をお持ちでしょうか。祥伝社のホームページから書評をお送りいただけたら、ありがたく存じます。今後の企画の参考にさせていただきます。また、次ページの原稿用紙を切り取り、左記まで郵送していただいても結構です。

お寄せいただいた書評は、ご了解のうえ新聞・雑誌などを通じて紹介させていただくこともあります。採用の場合は、特製図書カードを差しあげます。

なお、ご記入いただいたお名前、ご住所、ご連絡先等は、書評紹介の事前了解、謝礼のお届け以外の目的で利用することはありません。また、それらの情報を6カ月を越えて保管することもありません。

〒101－8701（お手紙は郵便番号だけで届きます）
祥伝社新書編集部
電話03（3265）2310
祥伝社ホームページ　http://www.shodensha.co.jp/bookreview/

★本書の購買動機（新聞名か雑誌名、あるいは○をつけてください）

＿＿＿新聞の広告を見て	＿＿＿誌の広告を見て	＿＿＿新聞の書評を見て	＿＿＿誌の書評を見て	書店で見かけて	知人のすすめで

★100字書評……漱石と『資本論』

名前

住所

年齢

職業

小島英俊　こじま・ひでとし

歴史研究家。1939年、東京都生まれ。1964年、東京大学法学部政治学科卒業、三菱商事入社。退職後、食品関係の(株)セ・デ・ベ・ジャポンを設立、代表取締役を務めた。2005年より近代史、鉄道史の執筆を続ける。著書に『流線形列車の時代』『外貨を稼いだ男たち』『帝国議会と日本人』など。

山﨑耕一郎　やまざき・こういちろう

社会運動家。1940年、東京都生まれ。1963年、東京大学経済学部中退後、日本社会主義青年同盟（社青同）専従。1974～1980年に委員長。1980年、社会主義協会専従。2012年まで代表代行。2002年、NPO労働者運動資料室を開設、現在理事長。著書に『マルクスと日本人』(佐藤優氏との共著）など。

漱石《そうせき》と『資本論《しほんろん》』

小島英俊《こじまひでとし》　山﨑耕一郎《やまざきこういちろう》

2017年2月10日　初版第1刷発行

発行者……………辻 浩明
発行所……………祥伝社しょうでんしゃ
〒101-8701　東京都千代田区神田神保町3-3
電話　03(3265)2081(販売部)
電話　03(3265)2310(編集部)
電話　03(3265)3622(業務部)
ホームページ　http://www.shodensha.co.jp/

装丁者……………盛川和洋
印刷所……………萩原印刷
製本所……………ナショナル製本

Printed in Japan　ISBN978-4-396-11496-1　C0236

〈祥伝社新書〉
経済を知る

203
ヒトラーとケインズ いかに大恐慌を克服するか
ヒトラーはケインズ理論を実行し、経済を復興させた。そのメカニズムを検証する
武田知弘

343
なぜ、バブルは繰《く》り返されるか？
バブル形成と崩壊のメカニズムを経済予測の専門家がわかりやすく解説
久留米大学教授 **塚崎公義**

394
ロボット革命 なぜグーグルとアマゾンが投資するのか
人間の仕事はロボットに奪われるのか？　現場から見える未来の姿
大阪工業大学教授 **本田幸夫**

477
民泊ビジネス
インバウンド激増によりブームとなった民泊は、日本経済の救世主か？
不動産コンサルタント **牧野知弘**

478
新富裕層の研究 日本経済を変える新たな仕組み
新富裕層はどのようにして生まれ、富《とみ》のルールはどう変わったのか？
経済評論家 **加《か》谷《や》珪《けい》一《いち》**